现代财务会计与税收探索

肖 颖 郭凤霞 杜 静 ◎ 著

中国华侨出版社
·北京·

图书在版编目（CIP）数据

现代财务会计与税收探索 / 肖颖, 郭凤霞, 杜静著. —— 北京：中国华侨出版社, 2024.9. -- ISBN 978-7-5113-9279-4

Ⅰ. F234.4；F810.423

中国国家版本馆 CIP 数据核字第 20246WT256 号

现代财务会计与税收探索

| 著　　者：肖　颖　郭凤霞　杜　静 |
| 责任编辑：陈佳懿 |
| 封面设计：徐晓薇 |
| 开　　本：710 mm×1000 mm　1/16 开　印张：13.75　字数：216 千字 |
| 印　　刷：北京四海锦诚印刷技术有限公司 |
| 版　　次：2025 年 3 月第 1 版 |
| 印　　次：2025 年 3 月第 1 次印刷 |
| 书　　号：ISBN 978-7-5113-9279-4 |
| 定　　价：68.00 元 |

中国华侨出版社　北京市朝阳区西坝河东里 77 号楼底商 5 号　邮编：100028
发行部：（010）88893001　　　　传　真：（010）62707370

如果发现印装质量问题，影响阅读，请与印刷厂联系调换。

前　言

在当前我国经济迅猛发展的大背景下，企业对业务的需求正经历着前所未有的变化。为了适应这些新需求，会计行业也在不断地进行自我革新和调整。会计领域细分众多，涉及的科目也随着企业需求的演变而变得更加精细化。财务与税务这两个关键领域之间的联系，相较于以往，显得更为紧密和重要。然而，面对我国市场的现状，要真正满足大多数企业在发展过程中的需求，无论是新兴的初创企业还是已经建立全球业务的跨国集团，一个稳固的财务管理体系和合规的税务策略对企业的成功至关重要，它们能够为企业带来巨大的价值。正是基于这样的认识，《现代财务会计与税收探索》一书应运而生。本书旨在为读者提供一个全面、实用且易于理解的知识框架，帮助读者深入掌握财务会计与税收管理的精髓，从而在实际工作中更加得心应手。

本书首先介绍了财务会计的基本概念，包括会计理论、基础知识、职能以及特点，为读者打下坚实的理论基础。随后，通过对资产（如货币资金、存货和金融资产）、负债及所有者权益的细致分析，帮助读者深入了解企业的财务结构。税收作为财务管理中的关键环节，在本书中同样占据了重要地位。本书不仅介绍了税收的基本原理，还探讨了不同类型的税收（如增值税、消费税、资源税等）。此外，书中还提供了税收分析的方法和工具，使读者能够有效地评估税收政策的变化并做出相应的规划。无论是财务专业人士、税务顾问还是企业管理者，《现代财务会计与税收探索》都是一部不可或缺的参考书籍。通过阅读本书，读者能更好地理解财务会计与税收管理的核心要素，并将其应用到实际工作中，从而提高决策的质量和效率。

在本书写作过程中，参考和借鉴了一些知名学者和专家的观点及论著，在此向他们表示深深的感谢。由于水平和时间所限，书中难免会出现不足之处，希望各位读者和专家能够提出宝贵意见，以待进一步修改，使之更加完善。

目 录

第一章 财务会计概述 ... 1
第一节 会计基本理论 ... 1
第二节 财务会计基础知识 ... 10
第三节 财务会计的职能和特点 ... 23

第二章 资产分析 ... 30
第一节 货币资金 ... 30
第二节 存货 ... 38
第三节 金融资产 ... 56

第三章 负债及所有者权益 ... 72
第一节 流动负债 ... 72
第二节 非流动负债 ... 90
第三节 所有者权益 ... 96

第四章 税收的原理 ... 106
第一节 税收基础知识 ... 106
第二节 税收负担与税收效应 ... 115

第五章 税收的分类 ... 127
第一节 增值税 ... 127
第二节 消费税 ... 140
第三节 资源税与行为税 ... 149

第六章　税收分析 173
第一节　税收分析的基本方法 173
第二节　税收分析的主要内容 190

参考文献 213

第一章 财务会计概述

第一节 会计基本理论

一、会计的定义

会计是以货币为主要计量单位,以提高经济效益为主要目标,运用专门方法对企业、机关、事业单位和其他组织的经济活动进行全面、综合、连续、系统的核算和监督,并随着经济的日益发展,逐步开展预测、决策、控制和分析的经济管理活动,是经济管理活动的重要组成部分。

这个概念可以从以下四个方面来理解:第一,会计是一项经济管理活动,它属于管理的范畴;第二,会计的对象是特定单位的经济活动;第三,会计的基本职能是核算和监督,即对发生的经济业务以会计语言进行描述,并在此过程中对经济业务的合法性和合理性进行审查;第四,会计以货币为主要计量单位,各项经济业务以货币为统一的计量单位才能够汇总和记录,但货币并不是唯一的计量单位。

二、会计的目标

由于会计是整个经济管理的重要组成部分,所以会计的目标从属于经济管理的总目标,或者说会计目标是经济管理总目标下的子目标。在社会主义市场经济条件下,经济管理的总目标是提高经济效益。作为经济管理重要组成部分的会计管理工作,也应该以提高经济效益作为最终目标。在这个前提下,还应明确会计核算的目标,即会计核算要达到什么目的。我国《企业会计准则——基本准则》对企业会计的目标做了明确规定:企业会计应当如实提供有关企业财务状况、经营业绩和现金流量等方面的有用信息,以满足有关各方的信息需要,有助于会计信息使用者做出经济决策，并反映管理层受托责任的履行情况。

综合前面对会计的概念、职能、目标等方面的论述，可以归纳为以下四个要点。

第一，会计的本质是管理活动，是经济管理的重要组成部分。

第二，会计的基本职能是对各单位的经济活动进行核算，实行监督。

第三，会计拥有自己的鲜明特点。

第四，会计的目标在于提高经济效益。

三、会计假设和会计信息质量要求

（一）会计假设

会计假设是会计确认、计量和报告的基本前提，规定了会计核算赖以存在的一些前提条件，是企业设计和选择会计方法的重要依据。会计假设包括会计主体、持续经营、会计分期和货币计量。

1. 会计主体

会计主体是指会计工作服务的特定单位或组织，典型的会计主体是企业。会计所提供的信息，特别是财务会计报告，反映的是特定会计主体的财务状况与经营成果，不允许含有任何别的会计主体的会计要素，并且不能遗漏该会计主体的任何会计要素。会计主体规定了会计确认、计量和报告的范围。

明确会计主体，才能正确划定会计所要处理的各项交易或者事项的范围。在会计工作中，只能对那些影响企业本身经济利益的各项交易或者事项加以确认、计量和报告，那些不影响企业本身经济利益的各项交易或者事项不能加以确认、计量和报告。

明确会计主体，才能将会计主体的交易或者事项与会计主体所有者的交易或者事项，以及其他会计主体的交易或者事项区分开来。也就是说，企业所有者的经济交易或者事项是企业所有者个体所发生的，不应纳入企业会计核算的范围。

需要注意的是，会计主体与法律主体并不是同一概念。一般来说，法律主体必然是会计主体，而会计主体却不一定就是法律主体。例如，任何企业，无论是独资、合资还是合伙，都是一个会计主体。在企业规模较大的情况下，母公司为了掌握分支机构（分厂、分公司）的生产经营活动和收支情况，也可以将分支机构作为一个会计主体，要求其定期编制会计报表。同样，母、子公司在法律形式上均为独立的个体，但在经济上又可视为一个经济实体，会计上是将母、子公司的经济活动以合并报表的方式加以表述。可见，会计主体可以是独立法人，也可以是非法人；可以是一个企业，也可以是企业内部某一单位或企业中的一个特定的部分；可以是单一企业，也可以是由几个企业组成的企业集团。

2. 持续经营

持续经营是指企业或会计主体的生产经营活动在经营期间将按当前的规模和既定的目标延续下去，在可预见的未来，企业不会停业，也不会大规模地削减业务。企业在持续经营条件下，它所持有的资产将按原定的用途在正常的经营过程中使用，它所承担的债务也将按承诺的条件清偿。

持续经营的假设为解决财产计价和费用分配等问题提供了前提条件，如企业各项固定资产价值取得时按实际成本入账，固定资产的折旧按使用年限分期摊销；又如费用分配，由于假定企业是持续经营的，因此如果某项费用的发生不但与本期的收益有关，而且与以后几期的收益有关，那么该项费用就应该在有关收益期间进行合理分配。

并非每个企业都能永远持续经营下去，当有证据证明企业不能持续存在时，会计人员应放弃这一假设，改为清算价值、计量资产，并在企业财务会计报告中做相应的披露。

3. 会计分期

会计分期是指为了及时反映企业的经营情况，会计核算应当将一个企业持续不断的经营活动过程划分为若干连续的、长短相同的期间，以便于分期结算账目和编制财务会计报告。会计期间分为年度和中期，年度和中期均按公历起讫日期确定。中期是指短于一个完整的会计年度的报告期间，包括半年度、季度和月度。

为了及时反映资产、负债和所有者权益的变化情况，为了充分发挥会计管理的积极作用，在会计实务中就必须将持续不断的企业经营活动在时间上划分为等间距的会计期间，确定每一会计期间的收入、费用和利润，以便分段进行结算，分段编制财务会计报告，从而使企业管理者、投资人、债权人和有关职能部门能及时、准确地得到有关会计信息。明确会计分期这个会计核算的基本前提对会计核算有着重要影响。

会计分期使当期与其他期间的会计信息产生差别，从而出现权责发生制和收付实现制的区别，使不同类型的会计主体有了记账的基准，进而出现了应收、应付、折旧、摊销等会计处理方法。

4. 货币计量

货币计量是指企业在进行会计确认、计量和报告过程中采用货币作为统一的计量单位，记录、反映企业的经营情况。采用货币为计量单位是由货币本身的属性决定的。货币是固定充当一般等价物的商品，是衡量一般商品价值的共同尺度，具有价值尺度、流通手段、储藏手段和支付手段等特点。经济活动的计量，事实上存在多种计量单位，如货币，实物数量、重量、长度、面积等，货币作为统一的计量单位，具有广泛的适用性，更能体现会计的目的，即反映企业的财务状况、经营成果和现金流量。但是，统一采用货币计量也存在缺陷，如某些影响企业财务状况和经营成果的因素（如企业经营战略、研发能力、市场竞争力等），往往难以用货币来计量，但这些信息对会计信息使用者的决策也很重要。所以，企业应当在财务会计报告中补充披露上述各项非财务信息来弥补货币计量的缺陷。

在货币计量的前提下，企业的会计核算应以人民币为记账本位币。业务收支以人民币以外的货币为主的企业，可以选定其中一种货币作为记账本位币，但是编制的财务会计报告应当将记账本位币折算为人民币。设立在境外的中国企业向国内报送的财务会计报告，应当将记账本位币折算为人民币。

（二）会计信息质量要求

会计信息质量要求是对企业财务报告中所提供的会计信息质量的基本要求，是使财务报告中提供的会计信息对信息使用者决策有价值所应具备的基本特征，包括可靠性、相关性、可理解性、可比性、实质重于形式、重要性、谨慎性和及时性。

1. 可靠性

可靠性要求企业应当以实际发生的交易或者事项为依据进行会计确认、计量和报告，如实反映符合确认和计量要求的各项会计要素及其他相关信息，保证会计信息真实可靠、内容完整。

企业提供会计信息是为了满足会计信息使用者的决策需要，因此会计信息应做到内容真实、数字准确、资料可靠。要在会计核算工作中坚持以上原则，就应当在会计核算时客观地反映企业的财务状况、经营成果和现金流量，保证会计信息的真实性。会计人员应当正确运用会计原则和方法，准确反映企业的实际情况，会计信息应当能够经受验证。

如果企业的会计核算不是以实际发生的交易或事项为依据，没有如实地反映企业的财务状况、经营成果和现金流量，会计工作就失去了存在的意义，甚至会误导会计信息的使用者，导致决策的失误。

2. 相关性

相关性要求企业提供的会计信息应当与会计信息使用者的经济决策需要相关，有助于会计信息使用者对企业过去、现在和未来的情况做出评价或者预测。

在会计核算工作中坚持相关性这一原则，要求会计人员在收集、加工和提供会计信息的过程中，充分考虑会计信息使用者的需求。按照我国的情况，会计信息必须满足三个方面的条件：第一，符合国家宏观经济管理的要求；第二，满足有关各方面了解企业财务状况和经营成果的需要；第三，满足企业内部加强经营管理的需要。

3. 可理解性

可理解性要求企业的会计信息应当清晰明了，便于会计信息使用者理解和使用。

提供会计信息的目的在于使用，要使用会计信息首先必须了解会计信息的内涵，弄懂会计信息的内容。因此，在会计核算工作中应坚持可理解性原则，会计记录和财务会计报告必须清晰明了，简明扼要，数据记录和文字说明要清晰地反映经济活动的来龙去脉。这就要求在会计核算中会计记录应当准确、清晰，填制会计凭证、登记会计账簿必须做到依据合法、账户对应关系清楚、文字摘要完整；在编制会计报表时，项目钩稽关系清楚、项目完整、数字准确。企业还应视会计核算业务量的大小和管理上的要求，设计出合理的记账程序，保证会计核算程序有条不紊地运行，提高会计核算质量，便于有关方面利用会计信息。

4. 可比性

企业提供的会计信息应当具有可比性。具体应做到以下两点。

第一，同一企业不同时期发生的相同或者相似的交易或者事项，应当采用一致的会计政策，不得随意变更。确需变更的，应当在附注中说明。企业发生的交易或事项具有复杂性和多样性，对于某些交易或事项可以有多种会计核算方法。例如，存货的领用和发出，可以采用先进先出法、加权平均法、移动平均法和个别计价法等确定其实际成本；固定资产折旧可以采用年限平均法、工作量法、年数总和法和双倍余额递减法等。贯彻可比性的目的，是使会计信息使用者能利用上一会计期间的会计信息考核、评价本期的财务状况和经营成果，并借以进行正确的预测和决策。如果企业在不同的会计期间采用不同的会计核算方法，将不利于会计信息使用者对会计信息的理解，不利于会计信息作用的发挥，甚至引起会计信息使用者分析、判断的失误。

第二，不同企业发生的相同或者相似的交易或者事项，应当采用规定的会计政策，确保会计信息口径一致、相互可比。不同的企业可能处于不同行业、不同地区，经济活动发生于不同时间、不同地点，为了保证会计信息能够满足决策的需要，便于比较不同企业的财务状况、经营成果和现金流量，只要是相同的交易或者事项，就应当采用相同的会计处理方法。可比性使来自各企业的会计信息能统一汇总，为国民经济的宏观调控提供有价值的信息。

5. 实质重于形式

实质重于形式要求企业应当按照交易或者事项的经济实质进行会计确认、计量和报告，不应仅以交易或者事项的法律形式为依据。

在具体会计实务中，交易或者事项的实质往往存在着与其法律形式明显不一致的情形，所以会计信息要想反映其拟反映的交易或者事项，就必须根据交易或者事项的实质和经济现实，而不能仅仅根据它们的法律形式进行核算和反映。

例如，如果企业已将商品所有权上的主要风险和报酬转移给购货方，并同时满足收入确认的其他条件,则销售实现,应当确认收入;如果企业没有将商品所有权上的主要风险和报酬转移给购货方,或没有满足收入确认的其他条件,即使企业已将商品交付购货方,销售也没有实现,不应当确认收入。

又如,以融资租赁方式租入的资产,虽然在租赁期内承租企业从法律形式来讲并不拥有其所有权,但是由于租赁合同中规定的租赁期相当长,接近于该资产的使用寿命,且租赁期结束时承租企业有优先购买该资产的选择权;在租赁期内承租企业有权支配资产并从中受益,从其经济实质来看,企业能够控制其在未来创造经济利益。因此,会计核算上将以融资租赁方式租入的资产视为企业的资产。

如果企业的会计核算仅仅按照交易或者事项的法律形式进行,而其法律形式又没有反映其经济实质和经济现实,那么其最终结果将会不利于会计信息使用者的决策。

6. 重要性

重要性要求企业提供的会计信息应当反映与企业财务状况、经营成果和现金流量有关的所有重要交易或者事项。

对资产、负债、损益等有较大影响,进而影响财务会计信息使用者据以做出合理判断的重要会计事项,必须按照规定的会计方法和程序处理,并在财务报告中充分、准确地披露;对于次要的会计事项,在不影响会计信息真实性和不会误导财务会计信息使用者做出正确判断的前提下,可适当简化处理。

重要性应视信息的性质和对使用者做出决策的影响程度而定。会计核算应当全面反映企业的财务状况和经营成果,如果会计报表遗漏或省略一些重要的经济活动,就会失去会计信息的客观性。不全面的会计信息不利于会计信息使用者进行决策。重要性与全面性相互兼顾。重要性与会计信息的成本效益直接相关,坚持重要性,就能使提供会计信息的收益大于成本;反之,就会使提供会计信息的成本大于收益。某些项目的重要性,很大程度上取决于会计人员的职业判断。一般来说,应当从质和量两个方面进行分析。从性质方面来说,当某一会计事项有可能对决策产生一定影响时,就属于重要项目;从数量方面来说,当某一项目的数量达到一定规模时,就可能对决策产生影响。

7. 谨慎性

谨慎性要求企业对交易或者事项进行会计确认、计量和报告时应当保持应有的谨慎，不应高估资产或者收益、低估负债或者费用。

在市场经济条件下，企业随时可能面对各种风险，为了避免风险给企业正常生产经营带来严重影响，企业在会计核算工作中应坚持谨慎性。这要求企业在面临不确定因素的情况下做出职业判断时，应当保持必要的谨慎，充分考虑到各种风险和损失，对于可能发生的各项费用和损失，应当合理预计，并予以入账；而对于可能获得的收入，则不能预估和提前入账。

需要注意的是，谨慎性并不意味着企业可以任意设置各种秘密准备，否则就属于滥用谨慎性，将视同重大会计差错来处理。

8. 及时性

及时性要求企业对于已经发生的交易或者事项，应当及时进行会计确认、计量和报告，不得提前或延后。

会计信息的价值在于帮助会计信息使用者做出经济决策，因此具有时效性。在会计核算过程中贯彻及时性：一是要求及时收集会计信息，即在经济业务发生后，及时收集整理各种原始单据或者凭证；二是及时处理会计信息，即在国家统一的会计制度规定的时限内，及时编制出财务会计报告；三是及时传递会计信息，即在国家统一的会计制度规定的时限内，及时将编制出的财务会计报告传递给会计信息使用者。

如果企业的会计核算不能及时进行，会计信息不能及时提供，就无助于经济决策，就不符合及时性特征。

四、会计行为规范体系

（一）会计行为规范体系的意义

会计行为规范体系是一系列会计行为规范的总和。所谓会计行为规范，是指规范、协调、统一会计行为的法律、原则、制度等。它是会计行为的标准，对会计行为具有约束力。

（二）会计行为规范体系的作用

第一，会计行为规范体系是会计行为合法、合理性的标准。在会计实际工作中，经常遇到的主要问题是"应该怎么做，不该怎么做"，要指导会计人员正确地解决这些问题，必须有一个外在的、统一的标准，这个标准就是会计行为规范体系。

第二，会计行为规范体系是对会计工作进行评价的依据之一。这种评价既可以由会计人员自我进行，即自评；也可以由其他人来进行，即社会评价。

第三，会计行为规范体系是引导会计工作往特定方向发展的一种约束力和吸引力，也称"会计行为机制"。这种力量可以是来自会计理性的特定思维，也可以是来自外界权威的强制力，还可以是通过将外界的约束力转化为内在的行为规则而起作用。

（三）会计行为规范体系的构成

会计行为规范体系是由一系列会计行为规范构成的，包括对会计行为有不同程度影响的法律（包括公司法、商法等）、国家财经法规、制度和会计法律、会计准则、会计制度和会计人员职业道德等。其中最主要的是会计法律、会计准则、会计制度和会计人员职业道德四种。

会计法律是指所有对会计工作有约束作用的法律，一般有两种：一是独立的会计法，即专门针对会计工作而制定的法律，它对会计工作的约束作用较强且直接，如《中华人民共和国会计法》；二是在其他法律中包含的对会计工作的法律规定，如绝大多数国家的公司法和税法都对会计核算与账簿记录提出不同程度的法律要求。由于会计法律是国家立法机构制定的，具有高度的强制性，因而对会计工作的约束力最强，也最严肃。

会计准则是目前大部分市场经济国家所采用的会计行为规范体系的重要组成部分。会计准则是会计核算工作的基本规范，是在市场经济条件下进行会计核算的基本原则。

会计制度是根据会计法律和会计准则制定的，是各单位会计工作的具体规范。由于会计准则较为概括，没有针对具体的经济业务处理或报表项目做出解释和规定，实践中不易操作把握。而我国广大会计人员长期以来习惯于以统一会计制度为标准来进行会计处理，因而财政部在《企业会计准则》颁布后，对原有的会计制度进行修改，制定了若干行业示范性会计制度，以帮助企业具体执行会计准则，制定各自会计制度。

会计人员职业道德是社会公德和一般职业道德在会计工作中的具体体现，是引导制约会计行为，调整会计人员与社会、会计人员与不同利益集团以及会计人员之间关系的社会规范。会计人员职业道德的约束作用力无所不在、无时不在，但它有别于会计法律、会计准则、会计制度，是一种非强制性的会计规范。

（四）会计行为规范体系中各组成部分的关系

会计行为规范体系的四个组成部分之间关系密切，《中华人民共和国会计法》是会计工作的根本大法，是会计行为规范体系中最基础的部分，是会计的法律指导和约束会计的准则；会计准则是沟通会计法律和会计制度的桥梁，会计法律约束会计准则，会计准则约束会计制度；会计制度规范会计核算工作，规定了会计实务工作具体操作办法；会计人员职业道德是对上述三项强制性约束的有力补充。会计行为规范体系的四个组成部分相辅相成，共同组成会计行为规范体系，共同约束会计行为。

第二节 财务会计基础知识

一、财务会计的定义

财务会计是现代会计的一个分支，它同管理会计相配合并共同服务于市场经济条件下的现代企业。财务会计主要面向不参与企业经营管理而对企业有资源投入或有其他利害关系的外部集团，因此，财务会计又称为"对外报告会计"；管理会计则主要面向负责企业经营管理的经营者（包括企业内部经营管理阶层），因此，管理会计也称为"对内报告会计"。在传统会计的基础上，财务会计具有特定的目标，并由"公认会计原则"（Generally Accepted Accounting Principles，GAAP）加以规范。

在我国，财务会计通常称为"会计核算"或会计。我国的财务会计是以《中华人民共和国会计法》（1985年1月全国人大常委会通过，1999年10月第二次修订）为基本法规，由财政部颁布的《企业会计准则》和有关会计制度加以具体规范的。根据各国财务会计的理论和实践，结合我国进行会计核算的经验，财务会计可定义为：在市场经济体制下，建立在企业或其他主体范围内的，旨在为企业或主体外部提供以财务信息为主的一个经济信息系统。这个系统把已发生或已完成的交易与事项中的财务（能用货币表现的）数据作为输入，按照企业会计准则和有关法规、制度的规范要求，运用若干普遍接受的会计惯例，通过确认、计量、记录和报告等程序进行加工，把数据转换为有助于决策和合乎其他目标的有用信息。报告这一程序代表系统的输出，有用信息主要借助财务报表（会计报表）传递给企业外部的使用者。

二、财务会计的目标

（一）财务会计目标的概念

财务会计的目标就是财务会计系统所要达到的目的。财务会计是一个加工、生产会计信息的系统。财务会计这个系统应为谁提供信息、提供哪些信息、提供信息的用意是什么，这些都是财务会计目标所要解决的问题。

财务会计主要面向企业外部信息使用者，并为其提供信息，当然也为企业内部信息使用者提供信息；既要为与企业有直接经济利益关系的群体提供信息，又要为与企业有间接利益关系的群体提供信息。在市场经济条件下，财务会计信息的使用者一般有投资者或潜在投资者、债权人或供应商、企业管理当局、企业职工、证券交易所、政府部门以及同企业有利害关系的集团与个人。财务会计应为信息使用者提供与企业财务状况、经营成果和现金流量等有关的会计信息。财务会计提供会计信息的用意主要在于帮助信息使用者做出正确的决策。

综上所述，财务会计的目标可以概括为：为财务会计报告使用者提供与企业财务状况、经营成果和现金流量有关的会计信息，反映企业管理层受托责任履行情况，有助于财务会计报告使用者做出经济决策。

（二）我国财务会计的目标

1. 基本目标

财务会计的基本目标是指在财务会计工作中处于支配地位，起主导作用的目标。由于财务会计是整个经济管理的重要组成部分，因此财务会计的目标应从属于经济管理的总目标，或者说财务会计目标是经济管理总目标下的子目标。在我国社会主义市场经济条件下，经济管理的总目标是提高经济效益。所谓提高经济效益，就是在投入一定价值量的情况下，尽可能地收回更多的价值量，或者是在收回的价值量一定的情况下，尽可能地减少投入的价值量。因此，作为经济管理重要组成部分的财务会计的工作，也应该以提高经济效益作为基本目标。

2. 具体目标

财务会计的具体目标是会计基本目标在财务会计工作中的具体化，也称为财务报告的目标。财务会计目标在整个财务会计系统和企业会计准则体系中居于十分重要的地位，是构建会计要素确认、计量和报告原则并制定各项准则的基本出发点。

会计产生和发展的历史表明，人们进行会计活动的主要目标是为会计信息使用者提供与决策相关的有用信息。因此，财务会计的目标应主要解决两个问题：第一，为谁提供会计信息；第二，提供什么样的会计信息。

财务会计最初的目标是向财产所有者如实反映财产经营者对受托资源的管理和使用情况，即反映企业管理层受托经济责任的履行情况，从而有助于合理地评价企业管理层的经营管理责任和资源使用的有效性，这种观点被称为受托责任观。随着股份制经济的发展以及资本市场的完善，会计信息的使用者逐步扩大为投资者、债权人、政府及其有关部门和社会公众等众多用户，其对会计信息的需求也发生了较大的变化。因此，财务会计的目标转变为"为财务报告的使用者提供对其决策相关的有用信息"，这种观点被称为决策有用观。有关财务会计目标的受托责任观与决策有用观不是对立的，财务会计的目标既可以满足会计信息使用者经济决策的需要，又可以反映企业管理层受托责任的履行情况。各个国家均根据本国的实际情况来确定其财务会计的目标。许多国家财务会计的目标兼顾决策有用和受托责任，即实行双重目标，我国即如此。

我国的《企业会计准则——基本准则》中明确指出，我国财务会计的目标是为财务报告使用者提供与企业财务状况、经营成果和现金流量等有关的会计信息，反映企业管理层受托责任履行情况，有助于财务报告使用者做出经济决策。其主要包括以下四项内容。

①为财务报告使用者提供与其决策相关的有用信息。财务会计的主要目标是满足财务报告使用者的信息需要，以帮助财务报告使用者做出经济决策。因此，向财务报告使用者提供对其决策有用的信息是财务报告的基本目标。如果企业在财务报告中提供的会计信息与使用者的决策无关，没有使用价值，那么财务报告就失去了其编制的意义。

根据为财务报告使用者提供对其决策有用的信息这一目标的要求，财务报告所提供的会计信息应当如实反映企业所拥有或者控制的经济资源、对经济资源的要求权以及经济资源要求权的变化情况；如实反映企业的各项收入、费用、利得和损失的金额及其变动情况；如实反映企业的各项经营活动、投资活动和筹资活动等所形成的现金流入和现金流出情况等。从而有助于现在的或者潜在的投资者、债权人以及其他使用者正确、合理地评价企业的资产质量、偿债能力、盈利能力和营运效率等，有助于使用者根据相关会计信息做出理性的投资和信贷决策，有助于使用者评估与投资和信贷有关的未来现金流量的金额、时间和风险等。

②反映企业管理层受托责任的履行情况。现代企业制度强调企业所有权和经营权相分离，企业管理层是受委托人之托经营管理企业及其各项资产，负有受托责任，即企业管理层所经营管理的企业各项资产基本均为投资者投入的资本（或者留存收益作为再投资）或者向债权人借入的资金所形成的，企业管理层有责任妥善保管并合理、有效地运用这些资产。尤其是企业投资者和债权人等，需要及时或者经常性地了解企业管理层保管、使用资产的情况，以便评价企业管理层受托责任的履行情况和业绩情况，并决定是否需要调整投资或者信贷策略、是否需要加强企业内部控制和其他制度建设、是否需要更换管理层等。因此，财务报告应当反映企业管理层受托责任的履行情况，以有助于评价企业的经营管理责任和资源使用的有效性。

③为国家提供宏观调控所需要的特殊信息。企业是整个国民经济的细胞，是宏观经济的微观个体。没有企业的微观个体，就没有国民经济的宏观整体。企

业经营状况的好坏、经济效益的高低直接影响着国民经济的运行情况。虽然我国实行的是社会主义市场经济，但是政府仍然需要通过一定的宏观调控和各项管理措施对国民经济运行情况加以调节，需要借助对企业会计所提供的会计信息的分析，了解、掌握和判断国民经济的运行情况，以便制定有效的宏观调控措施和管理办法，促进国民经济健康、有序、稳定的发展。

④加强经营管理，提高整体经济效益。企业经营管理水平的高低直接影响着企业的经济效益、经营风格、竞争能力和发展前景，在一定程度上决定着企业的前途和命运。为了满足企业内部经营管理对会计信息的需要，现代会计已经发展了以满足内部经营管理需要为主的管理会计。但是，这并不意味着企业内部经营管理不需要财务会计信息。实际上，通过分析和利用财务会计所提供的有关企业财务状况、经营成果和现金流量方面的信息，企业领导人就可以全面、系统地了解企业生产经营活动情况、财务情况和经营成果，并在此基础上预测和分析未来发展前景；可以发现过去经营活动中存在的问题，找出存在的差异及原因，并提出改进措施；可以通过预算的分解和落实，建立起内部经济责任制，从而做到目标明确、落实责任、考核严格、赏罚分明。要做到这一点，没有会计所提供的真实、完整的信息，几乎是不可能的。会计通过真实地反映企业的权益结构，为处理企业与各方面的关系、考核企业管理人员的经营业绩、落实企业内部管理责任奠定了基础，也使会计信息真正成为企业加强经营管理、提高经济效益的基础。

三、财务会计的要素

财务会计作为一个信息生产系统，必然存在相应的会计对象，但是由于会计对象是一个抽象的概念，因此从会计对象到具体的会计信息必须经过一个从抽象到具体的处理步骤。这一具体化的步骤先要将财务会计对象进行初次分类以形成会计要素，会计要素即会计核算对象的具体化形式，通俗意义上的要素就是财务报表的基本组成部分。我国则借鉴国际惯例，在财政部2006年修订后颁布的《企业会计准则——基本准则》中明确定义了六个会计要素，分别是资产、负债、所有者权益、收入、费用和利润。我国较之国际惯例的规定多了一个利润的要素，尽管利润是收益和费用的综合结果，并不是一个独立的要素，但由于它在我国长期以来一直作为考核的重要指标，在企业管理中具有重要作用，因此我国仍将其设计成一个单独的会计要素。

（一）六大要素

1. 资产

资产是指企业过去的交易或者事项形成的、由企业拥有或者控制的、预期会给企业带来经济利益的资源。其中，企业过去的交易或者事项包括购买、生产、建造行为、其他交易或者事项，预期在未来发生的交易或事项不形成资产；由企业拥有或者控制是指企业享有某项资源的所有权，或者虽然不享有某项资源的所有权，但是该资源能被企业所控制；预期会给企业带来经济利益是指直接或间接导致现金及现金等价物流入企业的潜力。资产在符合上述定义的同时必须符合以下两个条件：一是与该资源有关的经济利益很可能流入企业；二是该资源的成本或者价值能够可靠地计量。

2. 负债

负债是指企业过去的交易或事项形成预期会导致经济利益流出企业的现时义务。上述定义中的现时义务是指企业在现行条件下已承担的义务，不包括未来发生的交易或事项形成的义务。同样，符合定义的义务还必须满足以下两个条件才能确认为负债：一是与该义务有关的经济利益很可能流出企业；二是未来流出企业的经济利益的金额能够可靠地计量。

3. 所有者权益

所有者权益是指企业资产扣除负债后由所有者享有的剩余权益。公司的所有者权益被称为股东权益。所有者权益的来源包括所有者投入的资本、直接计入所有者权益的利得和损失、留存收益等。其中，直接计入所有者权益的利得和损失是指不应计入当期损益、会导致所有者权益发生增减变动、与所有者投入资本或者向所有者分配利润无关的利得或者损失。

4. 收入

收入是指企业在日常活动中形成的、会导致所有者权益增加的、与所有者投入资本无关的经济利益的总流入。根据收入的定义，收入具有以下三个方面的特征。

①收入由企业的日常活动所形成。日常活动是指企业为完成其经营目标所从事的经常性的活动以及与之相关的活动。例如，工业企业制造并销售产品、商业企业销售商品等。

②收入会导致经济利益的流入。收入使企业资产增加或者负债减少，但这种经济利益的流入不包括由所有者投入资本的增加所引起的经济利益流入。

③收入最终导致所有者权益增加。因收入所引起的经济利益流入使企业资产增加或者负债减少，最终导致所有者权益增加。

收入按企业从事日常活动的性质不同可分为销售商品收入、提供劳务收入和让渡资产使用权收入；按企业经营业务的主次不同可分为主营业务收入和其他业务收入。

5. 费用

费用是指企业在日常活动中发生的、会导致所有者权益减少的、与向所有者分配利润无关的经济利益的总流出。费用确认需满足的条件是经济利益很可能流出，从而导致企业资产减少或者负债增加；同时，经济利益的流出额能够可靠地计量。

6. 利润

利润是指企业在一定会计期间的经营成果。利润包括收入减去费用后的净额、直接计入当期利润的利得和损失等。其中，直接计入当期利润的利得和损失是指应当计入当期损益、会导致所有权发生增减变动的、与所有者投入资本或者向所有者分配利润无关的利得或损失。

（二）财务会计要素的确认与计量

1. 财务会计要素的确认

所谓"确认"，是指将某一项目作为一项资产、负债、所有者权益、营业收入、费用或其他要素正式地加以记录并列入财务报表的过程。确认主要解决两方面的问题：一是何时以何种金额并通过何种账户记录；二是何时以何种金额并通过何种要素列入财务报告。

确认时间的选择涉及判断，其中最具代表性的当数收入的确认。同时，确认涉及计量问题，若某一项目符合定义但无法计量，则无从确认。此外，确认还涉及人们对会计信息质量的倚重。例如，当重视会计信息的可靠性时，就会采用收付实现制和权责发生制为确认标准，无论是平时记录还是财务报表上披露的量度都按历史成本来表现。也就是说，必须按一个确定性的时间、金额确认一项要素。当重视会计信息的相关性时，就有可能撇开实现原则，而确认价格变动的影响，其结果又反过来影响计量基础的选择。

（1）资产的确认条件

将一项资源确认为资产，其先要符合资产的定义。此外，需要同时满足以下两个条件。

①与该资源有关的经济利益很可能流入企业。根据资产的定义，能够带来经济利益是资产的一个本质特征，但是由于经济环境瞬息万变，与资源有关的经济利益能否流入企业或者流入多少，实际上带有不确定性。因此，资产的确认应当与对经济利益流入的不确定性程度的判断结合起来，如果根据编制财务报表时所取得的证据，与该资源有关的经济利益很可能流入企业，那么就应当将其确认为资产。

②该资源的成本或者价值能够可靠地计量。可计量性是所有会计要素确认的重要前提，资产的确认也不例外。只有当有关资源的成本或者价值能够可靠地计量时，资产才能够予以确认。在实务中，企业取得的许多资产都需要付出成本。例如，企业购买或者生产的存货、企业购置的厂房或者设备等，对于这些资产，只有实际发生的成本或者生产成本能够可靠地计量，才能视为符合资产确认的可计量条件。在某些情况下，企业取得的资产没有发生实际成本或者发生的实际成本很小。例如，企业持有的某些衍生金融工具形成的资产，对于这些资产，尽管它们没有实际成本或者发生的实际成本很小，但若其公允价值能够可靠地计量，也被认为符合资产可计量性的确认条件。

（2）负债的确认条件

将一项义务确认为负债，其先要符合负债的定义。此外，需要同时满足以下两个条件。

①与该义务有关的经济利益很可能流出企业。预期会导致经济利益流出企业是负债的一个本质特征，鉴于履行义务所需流出的经济利益带有不确定性，尤其是与推定义务相关的经济利益通常需要依赖大量的估计，因此，负债的确认应当

与对经济利益流出的不确定性程度的判断结合起来。如果根据编制财务报表时所取得的证据判断,与现实义务有关的经济利益很可能流出企业,那么就应当将其作为负债予以确认。

②未来流出经济利益的金额能够可靠地计量。负债的确认也需要符合可计量性的要求,即对未来经济利益流出的金额能够可靠地计量。对于与法定义务有关的经济利益流出金额,通常可以根据合同或者法律规定的金额予以确定。考虑到经济利益的流出一般发生在未来期间,有时未来的期间还很长,在这种情况下,有关金额的计量通常需要考虑货币时间价值等因素的影响。对于与推定义务有关的经济利益流出金额,通常需要较大程度的估计。为此,企业应当根据履行相关义务所需支出的最佳估计数进行估计,并综合考虑货币时间价值、风险等因素的影响。

（3）所有者权益的确认条件

由于所有者权益体现的是所有者在企业中的剩余权益,因此所有者权益的确认主要依赖其他会计要素,尤其是资产和负债的确认。所有者权益金额的确定也主要取决于资产和负债的计量。例如,企业接受投资者投入的资产符合企业资产确认条件时,就相应地符合了所有者权益的确认条件；当该资产的价值能够可靠地计量时,所有者权益的金额也就可以确定。

（4）收入的确认条件

2017年,财政部修订发布了新的收入准则,收入的确认由原来的"风险报酬转移"转变为"控制权转移",开启了收入确认的新篇章。新收入准则中提出了五步法,即在新收入准则下企业确认收入的框架模型。原先,我们确认一项交易的收入,需要区分适用的准则是收入还是建造合同,一项交易是销售商品、提供劳务、让渡资产使用权还是建造合同。现在,这些区分统统可以丢掉了。无论何种交易,统统融入五步法这个大框架里,一步一步地"筛出"确认收入的事项和金额。

五步法到底是哪五步？

第一步：识别与客户订立的合同。

在这一步,我们需要解决两个问题：合同是否成立、合同是否独立。

①合同是否成立。

合同需满足的五个条件：A.合同各方批准该合同,并承诺将履行各自义务；B.合同明确了合同各方与所转让的商品或服务相关的权利和义务；C.合同有明确的与所转让商品或服务相关的支付条款；D.合同具有商业实质；E.企业向客户转让商品或提供服务有权获得的对价很可能收回。

只有当上述五个条件同时被满足时，我们才能认为一个合同是真正成立的。其中，前三个条件相对直观易懂，并且在日常所见的合同中通常都能得到轻松满足。

②合同是否独立。

A.合同合并。企业与同一客户（或该客户的关联方）同时订立或在相近时间内先后订立的两份或多份合同，在满足下列条件之一时，应当合并为一份合同进行会计处理。第一，该两份或多份合同基于同一商业目的而订立并构成一揽子交易；第二，该两份或多份合同中的一份合同的对价金额取决于其他合同的定价或履行情况；第三，该两份或多份合同中所承诺的商品或每份合同中所承诺的部分商品构成本单项履约义务。

B.合同变更。如果企业已经开始履行合同了，这时候需要变更合同内容该怎么办？从结果来看，主要有三种情况：第一种情况，原合同一个，新合同一个；第二种情况，作为两个不同的合同，原合同已执行部分是其中一个，"未执行部分+变更部分"作为另一个；第三种情况，作为一个合同，变更部分视同原合同的一部分，整体作为一个。

第二步：识别合同中的单项履约义务。

这一步有两个关键词："履约义务""单独的"。

"履约义务"是指合同中企业向客户转让可明确区分商品的承诺。

站在卖方角度，就是给客户提供了什么，提供的东西可以是商品、服务、专利等。站在买方角度，就是其花钱后到底得到了什么。

"单独的"要求这项履约义务必须是可明确区分的。

企业向客户承诺的商品同时满足下列条件的，应当作为可明确区分商品。

①客户能够从该商品本身或从该商品与其他易于获得的资源一起使用中受益。

②企业向客户转让该商品的承诺与合同中其他承诺可单独区分。

第三步：确定交易价格。

在这一步，我们需要确定交易价格。为什么确定价格还需要单独设置一步呢？买卖的东西不是应该明码标价吗？

这个价格不仅是我们平时理解的标价，还可能存在折扣、退款、融资等情况，这时需要调整交易价格。

在确定交易价格时，企业应当考虑可变对价、合同中存在的重大融资成分、非现金对价、应付客户对价等因素的影响。

第四步：将交易价格分摊至各单项履约义务。

通过第一步、第二步，我们知道了合同中有几个单项履约义务。通过第三步，我们知道了调整后的交易价格。

这一步就是用合理的方式将合同的价格分配给各个履约义务。这一步又可分为两步：①单独出售，每一项商品或服务单独的售价是多少？②打包出售，每一项商品或服务占打包价格的多少？

第五步：履行各单项履约义务时确认收入。

此步骤的核心在于，企业应在执行合同所规定的履约义务之际，适时确认收入。

履行义务的实现需在某一时段或某一时点履行。

当履约义务需要在一段时间内逐步完成时，企业应按照履约进度逐步确认收入，这通常涉及对已完成工作量的合理估计和计量。这种情况下，企业可能需要采用投入法或产出法等适当的方法来确定履约进度，并据此确认相应的收入。

而当履约义务在某一具体时点完成时，企业则应在该时点确认收入。此时，企业需要准确判断客户是否已经取得商品或服务的控制权，以及是否满足收入确认的其他相关条件。这种确认方式要求企业具备高度的判断力和准确性，以确保收入的确认符合会计准则的要求。

在判断客户是否已取得商品控制权时，企业应当考虑下列迹象：①企业就该商品享有现时收款权利，即客户就该商品负有现时付款义务；②企业已将该商品的法定所有权转移给客户，即客户已拥有该商品的法定所有权；③企业已将该商品实物转移给客户，即客户已实际占有该商品；④企业已将该商品所有权上的主要风险和报酬转移给客户，即客户已取得该商品所有权上的主要风险和报酬；⑤客户已接受该商品；⑥其他表明客户已取得商品控制权的迹象。

值得注意的是，尽管存在上述五个控制权转移的迹象，但并无单一或固定的决定性因素。企业需深入剖析合同条款与交易本质，综合评估商品控制权是否已转移至客户，以及具体的转移时间，从而精准确定收入确认的时点。

在此过程中，企业应始终从客户的角度出发进行评估，而非仅局限于自身的视角。此外，企业应当从客户的角度进行评估，而不应当仅考虑企业自身的看法。

（5）费用的确认条件

费用的确认除了应当符合定义，还应当满足以下三个条件：一是与费用相关的经济利益很可能流出企业；二是经济利益流出企业的结果会导致资产减少或者负债增加；三是经济利益的流出额能够可靠地计量。

（6）利润的确认条件

利润反映的是收入减去费用再加上利得减去损失后的净额。因此，利润的确认主要依赖收入和费用以及利得和损失的确认，其金额的确定主要取决于收入、费用、利得和损失计量。

2. 财务会计要素的计量

会计计量是为了将符合确认条件的会计要素登记入账，并列报于财务报表而确定其金额的过程。企业在将符合确认条件的会计要素登记入账并列报于财务报表时，应当按照规定的会计计量属性进行计量，确定其金额。

（1）会计计量属性的构成

计量属性亦称"计量基础"，是指所予计量的某一要素的特性方面。例如，桌子的长度、楼房的高度、钢筋的重量等。从会计的角度分析，计量属性反映的是会计要素金额的确定基础，它主要包括历史成本、重置成本（现行成本）、可变现净值、现值和公允价值等。

①历史成本。历史成本又称实际成本，是取得或制造某项财产物资时所实际支付的现金或其他等价物。在历史成本计量模式下，资产按照购置时支付的现金或者现金等价物的金额，或者按照购置资产时所付出的对价的公允价值计量；负债按照因承担现时义务而实际收到的款项或者资产的金额，或者承担现时义务的合同金额，或者按照日常活动中为偿还负债预期需要支付的现金或者现金等价物的金额计量。

②重置成本。重置成本又称现行成本，是指按照当前市场条件，重新取得同样一项资产所需支付的现金或现金等价物金额。在重置成本计量模式下，资产按

照现在购买相同或者相似资产所需支付的现金或者现金等价物的金额计量；负债按照现在偿付该项债务所需支付的现金或者现金等价物的金额计量。在实务中，重置成本多应用于盘盈固定资产的计量等。

③可变现净值。可变现净值是指在正常生产经营过程中，预计售价减去进一步加工成本、预计销售费用以及相关税费后的净值。在可变现净值计量模式下，资产按照其正常对外销售所能收到的现金或者现金等价物的金额扣减该资产至完工时估计将要发生的成本、销售费用以及相关税费后的金额计量。可变现净值通常应用于存货资产减值情况下的后续计量。

④现值。现值是对未来现金流量以恰当的折现率进行折现后的价值，是考虑货币时间价值的一种计量属性。在现值计量模式下，资产按照预计从其持续使用和最终处置中所产生的未来净现金流入量的折现金额计量，负债则按照预计期限内需要偿还的未来净现金流出量的折现金额计量。现值通常用于对非流动资产可收回金额和以摊余成本计量的金融资产价值的确定等。例如，在确定固定资产、无形资产等的可收回金额时，通常需要计算预计未来现金流量的现值；对于持有至到期投资等以摊余成本计量的金融资产，通常需要使用实际利率法将这些资产在预期存续期间内的未来现金流量折现，再通过相应的调整确定其摊余成本。

⑤公允价值。公允价值是指市场参与者在计量日发生的有序交易中出售资产所能收到或者转移负债所需支付的价格。其中，有序交易是指在计量日前一段时期内相关资产或负债具有惯常市场活动的交易。清算等被迫交易不属于有序交易。企业以公允价值计量相关资产或负债，应当假定出售资产或者转移负债的有序交易在相关资产或负债的主要市场进行。不存在主要市场的，企业应当假定该交易在相关资产或负债的最有利市场进行。公允价值主要应用于交易性金融资产、可供出售金融资产等的计量。

（2）各种会计计量属性之间的关系

在各种会计要素计量属性中，历史成本通常反映的是资产或者负债过去的价值，而重置成本、可变现净值、现值、公允价值通常反映的是资产或者负债的现时成本或者现时价值，是与历史成本相对应的计量属性。当然，这种关系并非绝对的。比如，资产或者负债的历史成本有时就是根据交易时有关资产或者负债的公允价值确定的，而在应用公允价值时，当相关资产或负债不存在活跃市场的报价或者不存在同类或者类似资产的活跃市场报价时，需要采用估值技术来确定相关资产或者负债的公允价值。在这种情况下，公允价值就是以现值为基础确定的。另外，公允价值相对于历史成本而言，具有很强的时间概念。也就是说，当前环境下某项资产或负债的历史成本可能是过去环境下该项资产或负债的公允价值，而当前环境下某项资产或负债的公允价值也许就是未来环境下该项资产或负债的历史成本。

第三节　财务会计的职能和特点

一、财务会计的职能

（一）核算职能

财务核算工作需要适应生产规模的发展，需要科学有效的管理事业部门，需要及时地服务决策，提高企业的竞争能力。财务会计管理水平应当与公司的发展阶段相匹配，无论财务会计管理水平相对于发展阶段是超前还是滞后，都会制约公司的发展。具体而言，财务机构的职能、财务机构和岗位的设置、相应的财务和会计基础管理制度应根据公司发展进行调整和优化。财务预算体系是企业日常经营运作的重要工具，是企业管理支持流程之一，与其他管理支持流程相互作用，共同支持企业的业务流程营销管理、计划管理、采购与生产管理、库存管理。通过实施全面预算管理可以明确并量化公司的经营目标、规范企业的管理控制、落实各责任中心的责任、明确各级责权、明确考核依据，为企业的成功提供保证。具体而言，公司财务核算工作需要适应企业生产规模的发展，并通过对管理需求的分析形成完整的财务核算体系。

另外，企业的高级管理人员直接得到一手信息的机会很少，必须通过报表系统得到经过整理、分析的信息。而企业的报表分为对外报送的以核算信息为主的财务报表和报送管理层的以经营管理信息为主的管理报表。在很多情况下，企业将两者等同依靠核算口径的财务报表获取管理信息。虽然有管理口径的报表，但是过多的信息以控制为主，没有融入非财务的信息，而且管理报表的结构、信息归集的口径、报送的频率等与管理决策的要求相距较远，因而不能有效支持决策。

（二）监督职能

财务监督是运用单一或系统的财务指标对企业的生产经营活动或业务活动进行观察、判断、建议和督促。它通常具有较明确的目的性，能督促企业各方面的活动合乎程序与要求，促进企业各项活动的合法化、管理行为的科学化。它是公共组织财务会计管理工作的重要组成部分，也是国家财政监督的基础，对规范公共组织的财务活动、严格财务制度及财经纪律、改善公共组织财务会计管理工作、保证收支预算的实现具有重要意义。

要通过监督审查公共组织财务活动对该单位的财务收支及经营管理活动进行监督和鉴证，揭发贪污舞弊、弄虚作假等违法乱纪、严重损失浪费及无效率、不经济的行为，依法追究有关责任人的责任，提请给予行政处分或刑事处罚，从而纠错揭弊，保证党和国家法律、法规、方针、政策、计划及预算的贯彻执行，维护财经纪律和各项规章制度，保证公共组织的财务报告及其他核算资料的正确可靠，保护国家财产的安全和完整，维护社会主义经济秩序，巩固社会主义法治。要通过财务监督揭示公共组织在财务活动、财务会计管理工作中存在的问题、不足，以及财务会计管理制度方面存在的薄弱环节，并有针对性地提出改进建议和补救措施，从而增强财务会计管理工作，提高财务工作质量。要通过全面分析财务活动及时掌握各公共组织人力、财力、物力等各种资源的使用情况，督促各公共组织加强和改进对人力、财力、物力的管理，深入挖掘内部潜力，增收节支，用有限的资金创造更多的社会效益和经济效益。

（三）预测职能

随着社会经济的发展和经济管理的现代化，会计的职能也发生了变化，一些新的职能不断出现。一般认为，除了会计核算、监督两个基本职能，还有分析经济情况、预测经济前景、参与经济决策等各种职能控制。其中，会计核算不仅包括对经济活动的事后核算，还包括事前核算和事中核算。事前核算的主要形式是进行经济预测，参与决策；事中核算的主要形式则是在计划执行过程中通过核算和监督相结合的方法对经济活动进行控制，使之按计划和预定的目标进行。国家历来对会计工作相当重视，要求每一个作为企业家的厂长、经理，除懂得必需的经济理论外，还需要具备一些财务会计方面的知识，即各项财务制度、经济法律、商品的流转、核算，通晓资金、费用、利润情况，企业计划、预算、统计等知识，运用计划、统计的数据分析内部、外部情况，进行组织指挥工作。因此，一个标准的企业家，既要具备生产知识，又要懂得财务知识，有经济头脑，熟悉本企业的成本、资金利润等经济指标，随时掌握产、供、销各个环节的活动，这样才能在经营工作中抓住主要矛盾，解决关键问题，开拓新路子，取得新成绩。

计划应以科学预测为基础，通过预测来反映企业经过努力在未来可能达到的收入、成本和利润水平。未来的科学技术发展、管理水平提高以及市场供求关系变动都会影响预测的结果，因此随着市场经济的发展，管理会计人员不能仅注重企业内部，还应面向市场，注重市场信息的收集、处理与分析，使预测的结果更为科学合理，接近实际。科学预测的结果只能反映经过努力可能达到的水平而非反映应当达到的水平，所以不能根据预测的结果直接确定目标。计划过程一般由两部分构成：一是在量本利分析的基础上，通过努力应当达到的销售水平和成本费用水平，所进行的总体计划或定期计划；二是根据所预测的执行不同行动方案的经济效益进行最优选择，即个别项目的计划。综合这两部分工作，就可以科学地确定目标和具体措施。一般情况下，会计可以用实际数量与计划数量进行对比，以此评估经济计划的完成情况，并分析本财年和上财年之间或者和同行业先进水平之间的差距，找出不足并研究导致其产生的原因，以扬长避短。对企业经济效益的正确评价必须依靠会计职能中的分析职能，运用足够的会计核算数据、综合各方面的情况来计算企业的经济效益指标，再通过研究来制定可行性方案标准，正确评估、测算企业已经取得的经济效益并进一步理解其利弊条件，在接下来的经营活动中逐步避免旧问题的出现，防止新问题的产生，以不断提高经济效益水平，摒弃落后的管理方式，不断完善相关市场机制，促进企业经济的平稳健康发展。

（四）决策职能

在社会主义市场经济体系不断发展完善的背景下，企业自身必须做出相应变革，以适应现实的社会经济条件。也就是说，企业必须通过科学的经济预测来做出正确的决策，推出一系列真正具有市场竞争力的产品。企业会计的工作接触面较广，因而能够综合各方面的具体情况，反映出经济活动的全过程。与此同时，会计在以实际工作中获得的经济数据，结合统计资料以及生产计划等指标的基础上，对企业运营的经济环境进行细致科学的剖析，能够帮助企业制定适合自身真实发展状况的决策，取得更好的经济效益。总而言之，经济效益的提高与会计的工作是紧密联系、不可分离的，只有充分发挥会计职能，不断提高会计监管力度，才能促进企业经济效益的提高。

（五）评价职能

企业绩效评价是指运用数理统计和运筹学原理、特定指标体系，对照统一的标准，按照一定的程序，通过定量定性对比分析对企业一定经营期间的经营效益和经营者业绩做出客观、公正和准确的综合评判。企业绩效评价的基本特征是以企业法人作为具体评价对象，评价内容重点在盈利能力、资产质量、债务风险和经营增长等方面，以能准确反映上述内容的各项定量和定性指标作为主要评价依据，并将各项指标与同行业和规模以上的平均水平对比，以期求得对某一企业公正、客观的评价结果。

我国当前实施的企业绩效评价实质上是按照市场经济要求实行的一项企业监管制度。随着社会主义市场经济的发展，政府管理经济的方式也正在朝着运用市场经济原则间接管理的方向转变。推进国有企业绩效评价和国有资产保值增值的考核已成为我国经济体制改革的当务之急。目前，各级政府部门正逐步把开展企业绩效评价作为国有企业监管的一项基础性工作来抓，并要求国有大型企业集团也要结合集团内部管理的要求开展对子公司的评价工作，以加强企业集团内部的监督管理，提高经营管理水平。企业绩效评价结果由财政部每年定期公布。绩效评价结果与经营者年薪制、股票期权等收入分配方式改革试点工作正在逐渐结合，成为国企管理人员业绩考评的重要依据。从现实情况看，中介机构逐步参与的企业绩效评价主要是国家对重点国有企业集团经营效益、经营者业绩的考评，以及国有企业集团自身对其所属子公司经营效益、经营者业绩的考评。

二、财务会计的特点

任何事物的特点总是相比较而存在的。财务会计的特点是同管理会计、传统会计相比较才显示出来的。

管理会计和财务会计是两个不同的分支，它们之间的差别比较容易识别，具体如表1-1所示。

表1-1 管理会计和财务会计的比较

比较项目	管理会计	财务会计
服务对象	面向市场、立足企业、服务内部	面向市场、立足企业、服务外部
核算对象	预计企业未来经济行为	已完成或已发生的交易与事项
核算方法	以预测、规划、评估为主	以记录、计算和报告为主
信息特点	面向未来，货币和非货币的信息并重	面向过去，以货币信息为主
同公认会计原则的关系	不必遵守公认会计原则（GAAP）	必须遵守公认会计原则

所谓传统会计，是指在现代企业会计发展成为财务会计和管理会计之前的企业会计。在时间上是指20世纪30年代末出现公认会计原则以前。总体来看，财务会计是传统会计模式的主要继承者，但又有发展。具体包括以下两个方面。

（一）继承了传统会计模式中的主要会计程序

传统会计长期形成并行之有效的概念、惯例和会计处理过程，堪称现代会计的精华，大部分由财务会计继承了下来。例如：①会计确认以权责发生制为基础，收入的确认必须实现；②会计计量主要遵循历史成本原则；③会计记录运用复式记账法；④会计报告把资产负债表和损益表作为最基本的报表；⑤会计处理的每一个环节都考虑谨慎原则和稳健惯例。

（二）在继承的基础上有所发展

1. 同传统会计相比较，财务会计有其侧重点

财务会计也由确认、计量、记录和报告四个环节组成，但其核心的环节是报告。对外报告是财务会计的目的。在财务会计中，记录只是为报告准备数据，只有把它列入财务报告（主要指财务报表），才是最有用的信息。确认和计量也是如此。日常确认和计量都属于初始确认和计量，在财务报表中的确认和计量才是

最终的、可信的。很明显，财务会计以对外报告为重点，是财务会计和管理会计分离的结果。在此之后，对内部有用的信息的提供由管理会计承担。

2. 财务会计是对传统会计的继承和发展

（1）确认方面

①财务会计的确认以权责发生制为主，也运用了收付实现制。一方面，考虑到现金具有较强的流动性，及时反映和监督现金的动态是会计的一项任务。当交易或事项发生时，凡是涉及现金，不论其影响到企业权责的后果如何，都要先记录（按收付实现制）而后调整（按权责发生制）。因此，在日常的会计处理中，两种确认基础缺一不可。另一方面，联系基本的财务报表，资产负债表和损益表以权责发生制为基础，而现金流量表以收付实现制为基础。这说明财务会计不能采用单一的确认基础。

②财务会计仍坚持实现原则，但将已实现扩展为可实现。前者限于已收取现金或其等价物，后者则扩大到可收取现金或其等价物的权利，只要这种权利的金额是确定的，收回就是有保证的。

③当前的财务会计概念框架已总结出财务报表中每一个要素都适用的基本标准。这样，确认就由一个抽象的会计术语被提升为一个能指导会计实务、具有可操作性的会计概念。

（2）计量方面

①财务会计已经不再强调历史成本是唯一的计量基础。会计实务界出现的多种计量属性并用的局面已被理论界认可。

②除历史成本外，现行成本、市场价格、可实现净值、公允价值都可以用来计量，但条件是既要符合相关性，又要有可靠性，确保能够可靠地计量。

（3）记录方面

记录的原理没有多大变化，仍是运用复式簿记原理。但是，记录的技术产生了质的飞跃。在财务会计中，记录和报告，特别是记录，已经实现了计算机化。虽然由于各国各地区经济和科技发展程度不同，会计的电算化程度也不同，但是用计算机代替手工记账已是大势所趋。

（4）报告方面

由于财务会计侧重报告，因此在报告方面，改革和变化的力度更大。

①在传统会计中，报告的唯一手段是会计报表；在财务会计中，会计报表只保留其中的财务报表（成本报表除外）。可见，财务报表仍是财务报告的主要手段，但在财务报表之外，增加了"财务报告的其他手段"，简称其他财务报告。在财务报表部分，主要分为财务报表（指表内）、财务报表附注和补充资料等部分。

②在财务报告的各个组成部分中，确认和计量有着不同的要求，并有着不同的概念。比如，财务报告所传递的全部信息都可称为"披露"，财务报表披露的全部信息称为"表述"，而表内表述的信息被赋予一个专门的术语——"确认"。表内确认需要遵循确认的基本标准并符合公认会计原则（GAAP），必须同时用文字和数字（金额）进行描述。文字指的是应归入的报表要素及所属项目，"金额"则应加入报表的有关合计与总计。因此，确认是严格规范化和专业性的会计表述方式。确认的信息应当最为有用（既相关又可靠）。表外附注不属于确认，但也要求符合公认会计原则。附注表述既可以用文字表述，又可以只用数字描述，还可以两者兼用。它的任务是使表内的信息更容易理解。表外附注可以补充表内确认之不足（尚无条件在表内进行确认的某些有用信息可在附注中补充披露），但不能用来纠正表内的错误。对于使用者和独立审计人员而言，财务报表的表内部分和附注是一个整体，不可分割，两者同是审计的对象。补充资料是指由公认会计原则所要求的，既不在表内又不在附注中补充的披露。因此，其资料的来源和方式是多种多样的。

对财务报表来说，财务会计的发展主要表现在两个方面：第一，制定了财务会计（报表或报告）的概念框架；第二，制定了具有权威性的、用于规范财务报表的（也包括财务会计处理程序）GAAP或企业会计准则。甚至可以说，GAAP的出现标志着传统会计向财务会计转化，而遵守GAAP与否是财务会计和管理会计相互区别的重要标志。

第二章　资产分析

第一节　货币资金

一、库存现金

本节中的现金是指现金管理人员所涉及的现金，是指狭义现金，即存放在财会部门由出纳员保管的现金，包括库存的人民币和外币。

（一）库存现金管理

1. 库存现金的使用范围和库存现金限额

我国企业在库存现金的使用管理上要遵循1988年国务院颁布的《现金管理暂行条例》（以下简称《条例》），该《条例》规定了现金的使用范围。我国各企业单位与其他企业单位的各种款项往来结算除下列各项外，都必须通过各专业银行办理结算。企业可以在下列八种情况下使用现金：①职工工资、津贴；②个人劳务报酬；③根据国家规定颁发给个人的科学技术等各种奖金；④各种劳保、福利费用以及国家规定的支付给个人的其他支出；⑤向个人收购农副产品和其他物资的价款；⑥出差人员必须随身携带的差旅费；⑦结算起点（目前规定为1000元）以下的零星支出；⑧中国人民银行确定需要支付现金的其他支出。超出上述规定范围的，应通过开户银行办理转账结算。

企业在正常经营过程中，保留的现金不允许超过规定的限额。开户银行应根据实际情况，核定开户单位的库存现金限额。库存现金限额由开户单位以其日常零星开支量为依据，向开户银行提出计划，由开户银行审批。一般单位的库存现金限额相当于其3～5天的日常零星开支量；边远地区或交通不便地区的单位，其库存现金限额可以适当增加,但最多不得超过15天的日常零星开支。超过限额的库存现金应及时解存银行。

2. 库存现金的内部控制

企业对现金进行严格的管理和控制,建立健全现金的内部控制制度,保证现金流动的安全性和合理性,提高现金的使用效率。

(1) 现金收入的内部控制

现金收入主要产生于销售商品、提供劳务。在取得现金收入的过程中,应明确区分业务员和出纳员的职责范围,如业务员开出发票,出纳员收款盖章,通过业务员和出纳员的职能分工,相互制约,形成相互牵制的控制机制。

现金收据、发票的数量和编号由专人控制。每笔业务收入都要开具收据、发票,分清经办人员和收款人员的职责。经办人员领取收据、发票时,应登记领用数量和起讫编号,并由领用人签字。收据、发票存根收回时,由保管人员审核签收,防止缺号。已用的发票和收据应由专人清点,登记封存。

企业办理现金收入业务,必须严格复核收款凭证,将已开出的收据、发票与其存根进行编号、金额等核对,确认无误才能办理收款业务。收款凭证经由出纳、审核、记账和会计主管人员签章后,应由出纳人员按业务顺序,及时逐笔登记现金日记账。

企业收到现金时,必须当面点清,收到款项后,必须当日解缴银行。

(2) 现金支出的内部控制

现金支出时,要严格按照财务制度规定的现金支出范围支付现金,其余付款应由支票支付。付款凭证应由经办人员签字后交主管人员核准,经会计人员审查后才可付款。

付款凭证在付款后,由出纳人员加盖"现金付讫"章,由专人保管,定期装订封存。出纳员根据付款凭证登记现金日记账。

(3) 现金库存的内部控制

企业出纳人员每日业务结束,必须清点现金,并与现金日记账核对,日清月结,账实相符。如果账实不符,应及时查明原因,进行处理。月份终了,现金日记账余额应与现金总账的余额核对一致。

企业根据业务需要核定库存限额,并按规定的限额控制库存现金。超额部分应在规定时间解缴银行。企业不得用不符合财务制度的凭证顶替库存现金，即不得"白条抵库"；不得与其他企业单位互相借用现金；不得谎报用途套取现金；不得利用银行账户代其他单位或个人存入或支取现金；不得将单位收入的现金以个人名义存入储蓄；不得保留账外公款（小金库）。坐支现金是指企业未经批准将其收取的产品销售及其他销售等款项，直接用于本企业的现金支出。坐支现金不利于银行了解企业收入、支出的去向和数量，从而无法对其现金收支活动进行监督和管理。所以规定企业的各种业务等活动的现金收入必须及时送存银行，而在库存现金限额内需要的日常零星开支可从银行提取现金，不得有坐支现金的行为；如有特殊情况需要坐支现金的，应事先提出申请，经开户银行审批同意。

（二）库存现金的核算

库存现金的总分类核算是通过设置"库存现金"账户进行的。"库存现金"账户是资产类科目，借方反映现金的收入，贷方反映现金的支出，余额在借方，表示库存现金的余额。

库存现金的明细分类核算是通过设置"库存现金日记账"进行的。库存现金日记账是反映和监督库存现金收支结存的序时账，必须采用订本式账簿，每一账页按顺序编号，以防止账页丢失或随意抽换，也便于查阅。库存现金日记账一般采取收、付、存三栏式格式，由出纳人员根据审核后的原始凭证和库存现金收款凭证、付款凭证，按业务发生的顺序，逐日逐笔序时登记。每日终了应计算本日现金收入、支出的合计数和结存数，并同实存现金进行核对，做到日清月结，保证账款相符。月份终了，"库存现金日记账"的余额应与"库存现金"总账的余额核对相符。有外币现金业务的企业，应分别按人民币现金、各种外币现金设置"库存现金日记账"进行序时核算。

企业发生现金的收付业务，必须填制原始凭证，作为收付款的书面证明。例如，企业从银行提取现金，要签发现金支票，以支票存根作为提取现金的证明；将现金存入银行，要填写进账单，以银行加盖印章后退回的进账单回单作为存入现金的证明；收进零星小额销售款，应以销售部门开出的发票副本作为收款证明；支付职工差旅费的借款，要取得经有关领导批准的借款单，作为付款证明等。这些作为收付款证明的原始凭证，会计部门要认真审核，审核无误后，可根据填制收付款凭证，办理现金收支业务。出纳人员在收付现金后，应在记账凭或原始凭证上加盖"收讫"或"付讫"的戳记，表示款项已经收付。

（三）备用金的核算

备用金是企业内部周转，事先付给有关部门人员一笔固定金额的现金，供其零星开支使用的款项。备用金在企业日常的现金收支业务中占有很大的比重，备用金的预借和报销，需要建立必要的制度。备用金的需要量，也要经过银行核准，包括在库存现金的限额之内。备用金具有指定的用途，必须单独核算，单独管理。

备用金的总分类核算在"其他应收款"科目内核算。"其他应收款"属于资产类科目，该科目是用来核算企业除应收票据、应收账款、预付账款以外的其他各种应收、暂付款项，包括各种赔款、罚款、存出保证金、备用金、应向职工收取的各种垫付款项等。在备用金数额较大的企业中，可单独设置"备用金"科目。

备用金的管理办法一般有两种：一种是随借随用、用后报销制度，适用于不经常使用备用金的单位和个人；另一种是定额备用金制度，适用于经常使用备用金的单位和个人。

1. 随借随用、用后报销业务的核算

随借随用、用后报销制度的会计处理分两步：第一步，预借备用金时，按预借数额记入"其他应收款——备用金"的借方，并同时记入"库存现金"贷方；第二步，用后报销时，根据报销单据的数额和部门确认计入相关账户的借方，同时贷方转销"其他应收款——备用金"预借的数额，二者差额记入"库存现金"的借方或贷方。

2. 定额备用金业务的核算

定额备用金制度是指企业拨付的备用金供长期使用，业务发生以后，在规定时间报销时，补足原核定金额的差额。按定额拨付现金时，记入"其他应收款"或"备用金"科目的贷方。报销时，根据报销单据支付现金，补足用掉数额，使备用金仍保持原有的定额数。报销的金额直接记入"库存现金"科目的贷方和报销部门有关科目的借方，不通过"其他应收款"或"备用金"科目。

（四）库存现金的溢余或短缺

企业每日终了结算现金收支，以及财产清查中发现的有待查明原因的现金溢余或短缺，应通过"待处理财产损溢——待处理流动资产损溢"账户核算，查明原因后根据原因再分别处理。

如果是现金短缺，属于应由责任人赔偿的部分，通过"其他应收款——应收现金短缺款（××个人）"账户核算；属于应由保险公司赔偿的部分，通过"其他应收款——应收保险款"账户核算；属于无法查明原因的现金短缺，根据企业内部管理权限，经批准后计入"管理费用"。

如果是现金溢余，属于应支付有关人员或单位的，应从"待处理财产损溢——待处理流动资产损溢"账户转入"其他应付款——应付现金溢余（××个人或单位）"账户；属于无法查明原因的现金溢余，根据企业内部管理权限，经批准后转入"营业外收入——现金溢余"。

二、银行存款

银行存款是企业存放在本地银行和其他金融机构的货币资金。根据国家关于现金管理和结算制度的规定，企业要在当地的银行开立账户，企业除按规定留存少量现金以备日常零星开支外，其余的货币资金都应存入银行。企业一切货币资金的收支，除了按规定可以用现金结算方式直接以现金收付外，其余一律用非现金结算方式，通过银行划拨转账，即由银行按结算方式规定的手续，将结算款项从付款单位的账户划转收款单位的账户，来完成各企业单位之间的款项收付业务。

按照中国人民银行制定的《银行账户管理办法》规定，一个企业可以根据需要在银行开立四种存款账户，包括基本存款账户、一般存款账户、临时存款账户和专用存款账户。

基本存款账户是存款人办理日常转账结算和现金收付的账户。存款人的工资、奖金等现金的支取，只能通过本账户办理。

一般存款账户是存款人在基本存款账户以外的银行借款转存，与基本存款账户的存款人不在同一地点的附属非独立核算单位开立的账户。存款人可以通过本账户办理转账结算和现金缴存，但不能办理现金支取。

临时存款账户是存款人因临时经营活动需要开立的账户。存款人可以通过临时存款账户办理转账结算和根据国家现金管理的规定办理现金收付。

专用存款账户是存款人因特定用途需要开立的账户。

存款人只能在一家银行开立一个基本存款账户；不得在同一家银行的几个分支机构开立一般存款账户。企业在办理存款账户后，在使用账户时应严格执行银行结算纪律的规定。

（一）银行存款收付业务的核算

为了对银行存款进行记录和反映，企业应设置"银行存款"科目。企业的外埠存款、银行本票存款、银行汇票存款等在"其他货币资金"科目里核算。

银行存款收、付业务的核算包括序时核算和总分类核算。银行存款的序时核算一般采用日记账形式。银行存款日记账由企业的出纳人员根据银行存款的收款凭证和付款凭证，按照经济业务发生的先后，逐日逐笔序时登记入账。银行存款日记账的登记应做到日清月结。

企业收入存款时，借记"银行存款"科目，贷记"库存现金""应收账款"等科目；企业支出存款时，借记"库存现金""应付账款"等科目，贷记"银行存款"科目。

（二）银行存款余额调节表

为了防止记账发生差错，正确掌握银行存款的实际余额，企业应定期（通常在月末）将企业银行存款日记账的记录同银行转来的对账单进行核对。企业核对银行存款，要先认真检查自己所记的账目，保证银行存款日记账记录的正确性和完整性，然后再同银行送来的对账单逐笔核对，查明双方账目有无错误或遗漏。

在同一时期内，企业银行存款日记账上的余额与银行对账单的存款余额如果不一致，可能有两种原因：一是企业或银行某一方或双方存在记账差错；二是存在未达账项，所谓未达账项，是指由于企业间的交易采用的结算方式涉及的收付款结算凭证在企业和银行间传递存在时间差，造成一方已经入账，另一方尚未接到有关凭证而没有入账的款项。

未达账项的发生，通常有四种情况：一是企业已收，银行未收款项；二是企业已付，银行未付款项；三是银行已收，企业未收款项；四是银行已付，企业未付款项。

为了查明银行存款的正确数字，并消除未达账项的影响，进一步了解双方账目的登记有无差错，就要将银行的对账单同企业的银行存款日记账的收支记录逐笔进行核对。在核对过程中，如有疑问，应请银行提供证明。如发现银行的记录有错账、漏账，要及时通知银行查明更正。对于未达账项，要于查明后编制"银行存款余额调节表"，然后再行核对。

三、其他货币资金

其他货币资金，是指除现金、银行存款之外的货币资金，包括外埠存款、银行汇票存款、银行本票存款、信用卡存款、信用证保证金存款，以及存出投资款等。

为了核算和反映企业的其他货币资金的情况，需要设置"其他货币资金"科目，并按照其他货币资金的种类设置"外埠存款""银行汇票存款""银行本票存款""信用卡存款""信用证保证金存款""存出投资款"等二级明细科目，并可按外埠存款的开户行、银行汇票或本票的收款单位等设置三级明细科目。

1. 外埠存款

外埠存款是指企业到外地进行临时或零星采购时，汇往采购地银行开立采购专户的款项。

2. 银行汇票存款

银行汇票存款是指企业为取得银行汇票，按照规定存入银行的款项。银行汇票是汇款人将款项缴存当地银行，由银行签发给汇款人持往异地办理转账结算或支取现金的票据。

3. 银行本票存款

银行本票存款是指企业为取得银行本票按照规定存入银行的款项。银行本票是申请人将款项交存银行，由银行签发给其凭此办理转账结算或支取现金的票据。

4. 信用卡存款

信用卡存款是指企业为取得信用卡按照规定存入银行的款项，属于银行卡的一种。企业应按规定填制申请表，连同支票和有关资料一并送交发卡银行，根据银行盖章退回的进账单第一联，借记"其他货币资金——信用卡"科目，贷记"银行存款"科目。企业用信用卡购物或支付有关费用，借记有关科目，贷记"其他货币资金——信用卡"科目。企业在信用卡使用过程中，需要向其账户续存资金的，按实际续存的金额，借记"其他货币资金——信用卡"科目，贷记"银行存款"科目。

5. 信用证保证金存款

信用证保证金存款是指企业为取得信用证按规定存入银行的保证金。信用证结算方式是国际结算的一种主要方式。信用证是指开证行依照申请人的申请开出的，凭符合信用证条款的单据支付的付款承诺，并明确规定该信用证为不可撤销、不可转让的跟单信用证。

企业向银行申请开立信用证，应按规定向银行提交开证申请书、信用证申请人承诺书和购销合同。企业向银行交纳保证金，根据银行退回的进账单第一联，借记"其他货币资金——信用证保证金"科目，贷记"银行存款"科目。根据开证行交来的信用证来单通知书及有关单据列明的金额，借记"材料采购""原材料""库存商品""应交税费——应交增值税（进项税额）"等科目，贷记"其他货币资金——信用证保证金"和"银行存款"科目。

6. 存出投资款

存出投资款是指企业已存入证券公司但尚未进行短期投资的现金。企业向证券公司划出资金时，应按实际划出的金额，借记"其他货币资金——存出投资款"科目，贷记"银行存款"科目；购买股票、债券时，按实际发生的金额，借记"交易性金融资产""可供出售金融资产"等科目，贷记"其他货币资金——存出投资款"科目。

第二节　存货

存货是指企业在日常活动中持有的以备出售的产成品或商品、处在生产过程中的在产品、在生产过程或提供劳务过程中耗用的材料和物料等。存货一般在一年或一个经营周期内能够转换成现金资产，它是企业流动资产的重要组成部分。

对存货的会计核算，主要从三个方面进行介绍：即存货的初始计量、发出存货的计量、存货的期末计量。

一、存货及其分类

（一）存货的概念和确认条件

1. 特征

存货具有以下四个特征：

①存货是有形资产，不同于商标权、专利权这些无形资产。

②存货是流动资产，但其流动性低于现金、应收账款等流动资产。存货一般都会在一年或一个经营周期内被销售或耗用并变现，具有较强的变现能力。

③企业持有存货的目的是为正常生产经营中出售，或为经过加工后再出售，或为生产过程耗用，从而实现存货的价值增值。例如，企业持有材料的目的是生产产品，属于存货，但如果为建造固定资产而购入的工程物资，就不属于存货这项流动资产，而属于非流动资产。

④存货具有时效性和发生潜在损失的可能性。在正常的长期生产经营活动中，存货能够规律地转换为货币资产或其他资产，但长期不能耗用或销售的存货就有可能变为积压物资乃至变质报废，从而造成企业的损失。

2. 确认条件

企业在确认某项资产是否作为存货时，首先需要判断该项资产是否符合存货的概念，然后再判断是否同时满足以下两项条件。

（1）与该存货有关的经济利益很可能流入企业

资产最重要的特征是预期会给企业带来经济利益。如果某一项目预期不能给企业带来经济利益，就不能确认为企业的资产。存货是企业的一项重要的流动资产，因此，对存货的确认，关键是要判断是否很可能给企业带来经济利益或所包含的经济利益是否很可能流入企业。通常情况下，存货的所有权是存货包含的经济利益很可能流入企业的一个重要标志。凡是所有权已属于企业，无论企业是否收到或持有该存货项目，均应作为企业的存货；反之，如果没有取得所有权，即使存放在企业，也不能作为本企业的存货。一般情况下，根据销售合同已经售出（取得现金或收取现金的权利），所有权已经转移的存货，因其所含经济利益已不能流入企业，因而不能再作为企业的存货核算，即使该存货尚未运离企业；而委托代销商品，由于其所有权并未转移至受托方，因而委托代销的商品属于委托企业存货的一部分；在售后回购交易方式下，销货方在销售商品时，商品的所有权已经转移给了购货方，但由于销货方承诺将回购商品，因而仍然保留了商品所有权上的主要风险，交易的实质是销货方以商品为质押向购货方融通资金，销货方通常并不确认销售收入，所销售的商品仍应包括在销货方的存货之中。总之，企业在判断存货所含经济利益能否流入企业时，通常应考虑该项存货所有权的归属。

（2）该存货的成本能够可靠地计量

成本能够可靠地计量是资产确认的一项基本条件。存货作为企业资产的组成部分，要予以确认也必须能够对其成本进行可靠的计量。存货的成本能够可靠地计量必须以取得确凿、可靠的证据为依据，并且具有可验证性。如果存货成本不能可靠地计量则不能确认为存货。

（二）存货范围

凡是在盘存日法定所有权属于企业的一切物品，不论其存放地点，都应作为企业的存货，应在资产负债表内予以反映。因此，判断一项资产是否属于企业的存货，关键要视其法定所有权是否已经发生转移。存货所有权的转移不能根据存货实体所在的空间位置变化来决定，而应根据企业存货购销的权利和义务来确定。

在确定存货范围时，有以下七种情况值得注意。

第一，凡是按照规定已经开具发票售出，其所有权已经转移的物品，即使货物未离开企业，也不能作为本企业的存货。

第二，对于委托代销、委托加工商品以及外出展销商品等，商品售出以前，其所有权仍属于本企业，应列为企业的存货。

代销商品在出售以前，所有权属于委托方，受托方只是代对方销售商品，因此，代销商品应作为委托方的存货处理。

第三，已经购入而未收到的运输途中的商品或在途材料，如果其所有权已经归属本企业，则应列为企业的存货。

具体地说，以下三种情况购货方应作为其存货处理：①对于销货方按销货合同、协议规定已确认销售而尚未发运给购货方的商品；②对于购货方已收到商品但尚未收到销货方结算发票等凭证的商品；③对于购货方已确认为购进而尚未到达入库的在途商品。

第四，对于进口货物，应视购销合同的有关条款来处理。如在起运港的船上交货（FOB），则货物装船离岸后归属买方所有，列为买方存货；如采用目的地交货（CIF），货物运达口岸后才归属为买方存货。

第五，对于出口货物，如合同为离岸交货，货物装船离岸后，其所有权转归对方，不能作为本企业的存货；如在目的地交货，在到达目的地之前，这批货物仍属于本企业存货范围。

第六，接受其他单位委托加工、委托代管的货物，虽存放于本企业，但所有权不属于本企业，因而不能列为本企业存货范围。

第七，约定未来购入的商品，由于企业没有实际的购货行为发生，因此，不作为企业的存货，也不确认有关的负债和费用。

（三）存货的分类

存货按照不同分类角度有多种分类，为了加强对存货的管理，可按照存货的经济用途进行分类、按存货的存放地点进行分类、按存货来源进行分类。

1.按存货的经济用途分类

①原材料，指供生产制造产品而购入的各种物品，如原料及主要材料、辅助材料、外购半成品、修理用备件、包装材料、燃料等。

②在产品，指企业各个生产工序上正在加工的产品，及已加工完毕但尚未验收或已验收但尚未办理入库手续的产品。

③半成品，指已完成一个或几个生产步骤但未完成全部生产工艺过程，已验收合格入半成品库，但需要进一步加工方可销售的中间产品。但不包括从一个车间直接转给另一个车间继续加工的自制半成品以及不能单独计算成本的自制半成品。

④产成品，指已完成本企业的全部生产工艺过程，并已验收合格入库，可以按照合同规定的条件送交订货单位，或可以作为商品对外销售的产品。

⑤商品，指商品流通企业的商品，包括外购或委托加工完成验收入库用于销售的各种商品。

⑥周转材料，指企业能够多次使用但不符合固定资产定义、不能确认为固定资产的各种材料，主要包括包装物、低值易耗品。包装物，是指为包装本企业产品而储备的各种包装容器，如桶、箱、坛等。低值易耗品，是指价值较低或使用期较短不能列为固定资产核算的各种劳动资料，如工具、管理用具、玻璃器皿、劳动保护用品，以及在经营过程中周转使用的容器等。

⑦委托代销商品，指企业委托其他单位代销的商品。

2. 按存货的存放地点分类

①库存存货，指已经运到企业并已验收入库的各种材料和商品，以及已经验收入库的自制半成品和产成品等。

②在途存货，指企业从外地购入、货款已付但尚在运输途中，或虽已运抵但尚未验收入库的各种材料物资以及商品。

③加工中存货，指本企业正在加工中的存货和委托其他单位加工但尚未完成加工过程的各种存货。

④在售存货，指企业已经发运给购货方但尚不能完全满足收入确认的条件，因而作为销货方的发出商品、委托代销商品的存货。

3. 按存货来源分类

存货按其来源可分为外购存货、自制存货、委托外单位加工完成的存货、投资者投入的存货、接受捐赠的存货、以非货币性交易取得的存货、通过债务重组取得的存货和盘盈存货、通过企业合并取得的存货等。本书存货的初始计量主要按来源分类进行介绍。

二、存货的初始计量

存货的初始计量是指企业在取得存货时，对其入账价值的确定。存货的初始计量以取得存货的实际成本为基础。

存货成本包括采购成本、加工成本和其他成本。我国《企业会计准则第1号——存货》规定，存货应按照成本进行初始计量。存货成本包括采购成本、加工成本和其他成本。存货的采购成本，包括购买价款、相关税费、运输费、装卸费、保险费以及其他可归属于存货采购成本的费用。存货的加工成本，包括直接人工以及按照一定方法分配的制造费用。存货的其他成本，是指除采购成本、加工成本以外的，使存货达到目前场所和状态所发生的其他支出。

存货的来源不同，其成本（入账价值）也就不同，现按照取得渠道确定其初始计量的金额分别加以介绍。

（一）外购的存货

1. 外购存货的成本

外购存货的成本包括购买价款和采购费用两部分。

（1）购买价款

购买价款是指所购货物发票账单上列明的价款，但不包括按规定可予以抵扣的增值税进项税额。

（2）采购费用

采购费用包括运杂费、运输途中的合理损耗、入库前的挑选整理费和购入存货应负担的税金及其他费用等。

相关税费包括进口关税、小规模纳税人的增值税、购买存货的消费税以及不能从增值税销项税额中抵扣的进项税额。经确认为小规模纳税企业，其采购货物支付的增值税，无论是否在发票账单上单独列明，一律计入所购货物的采购成本；经确认为一般纳税企业，其采购货物支付的增值税，凡专用发票或完税证明中注明的，不计入所购货物的采购成本，而作为进项税额单独核算；用于非应交增值税项目或免交增值税项目的，以及未能取得增值税专用发票或完税证明的，其支付的增值税则计入所购存货的成本。

存货采购过程的运杂费是指存货自来源地运至工地仓库或指定堆放地点所发生的全部费用，主要包括运输费、包装费、装卸费、保险费、仓储费等。需要注意的是，采购成本中不包括采购人员的差旅费，差旅费一般计入期间费用。

运输途中的合理损耗是指存货在运输装卸过程中不可避免的定额范围内的损耗。合理损耗都记入存货采购成本，不合理损耗应向责任人或责任单位索赔，意外损耗造成的净损失记入营业外支出，无法查明原因的其他损耗记入管理费用。

入库前的挑选整理费包括挑选整理中发生的工资支出和必要的损耗（扣除回收的下脚废料价值）应计入存货成本。但是，入库以后发生的仓储费、保管费等则不再计入采购商品的成本，而应计入期间费用。

其他费用，如大宗物资的市内运杂费等。大宗物资的市内运杂费属于存货采购成本。

应当注意的是，市内零星货物运杂费、采购人员的差旅费、采购机构的经费以及供应部门经费等，一般不包括在存货的采购成本中。

2. 外购存货的会计处理

在实际成本法下，外购存货一般通过"原材料"进行反映。根据结算方式和采购地点的不同，可能使验收入库和货款结算不能同步进行。因此，分为以下三种情况。

（1）存货与发票同时到达企业

企业根据结算凭证、购货发票、运费收据、收料单等结算凭证，对买价及采购费用等直接确认存货成本，可直接记入存货账户。

（2）存货已验收入库，发票尚未到达企业

购买的货物已运达企业，并已验收入库，但尚未收到供应商的发票和相关凭证，这种情况在月内一般暂时不入账，待结算凭证到达之后再按前面的方法入账。如果到了月末，有关凭证仍然未到达，为了使账实相符，应按暂估价或合同价格借记"原材料"账户，贷记"应付账款——暂估应付账款"账户，下个月初用红字冲回。待有关凭证到达后，再按当月收料付款处理。

（3）购货发票已到，但存货尚在运输途中或尚未验收入库

结算凭证等单据已到，材料未到或未验收入库，形成在途材料。企业应根据结算凭证、购货发票等记入"在途物资"账户，待材料到达并验收入库，再根据收料单借记"原材料"，贷记"在途物资"。

企业在购买存货时，可以支付现金，也可以通过赊账的方式取得存货。企业按照购货合同的约定预先付款，也可以通过预付账款购买存货。采用预付货款方式购入存货的情况，企业在预付货款时，应按照实际预付的金额确认预付账款；所购存货验收入库时，再按照发票账单等结算凭证确定存货成本，确认存货，同时转销预付账款。

（二）自制存货

自制存货是由企业的生产车间加工制造而取得的。自制存货应按照制造过程中的各项实际支出，作为实际成本。通过设置"生产成本"账户来核算制造过程中所耗费的原料、人工费用和其他费用。自制存货的成本主要由采购成本和加工成本构成，也可能还包括其他成本。

存货的加工成本是指在存货加工过程中发生的直接人工以及按照一定方法分配的制造费用。其中，直接人工是企业在生产产品的过程中，向直接从事生产的工人支付的职工薪酬；制造费用是指企业为生产产品而发生的各项间接费用，包括企业生产部门管理人员的职工薪酬、折旧费、办公费、水电费、机物料消耗、劳动保护费、季节性和修理期间的停工损失等。存货的其他成本是指除采购成本、加工成本以外的，使存货达到目前场所和状态所发生的其他支出，如为特定客户设计产品所发生的设计费用，可直接归属于符合资本化条件的存货、应当计入资本化的借款费用等。其中，符合资本化条件的存货，是指需要经过相当长时间的生产活动才能达到预定可销售状态的存货。企业发生的一般产品设计费用以及不符合资本化条件的借款费用，应当计入当期损益。

（三）其他方式取得的存货

其他方式取得的存货主要包括委托加工存货、投资者投入的存货、接受捐赠的存货、盘盈的存货以及通过非货币性资产交换、债务重组和企业合并等方式取得的存货等。

1. 委托加工存货

委托外单位加工完成的存货，以实际耗用的原材料或者半成品、加工费、运输费、装卸费、保险费等费用以及按规定应计入成本的税金，作为实际成本。以下通过委托加工物资的核算来说明。

委托加工物资是指企业委托外单位加工的各种物资。企业通过设置"委托加工物资"账户来核算企业委托外单位加工的各种物资的实际成本。"委托加工物资"账户借方登记发出材料物资的成本、加工费用和运费等其他费用，贷方登记加工完毕验收入库的材料的实际成本，期末余额在借方，表示正在加工未完成的委托加工物资的实际成本。该科目一般按加工企业名称开设明细账进行核算。需要注意的是委托加工物资的相关增值税和消费税的处理。

（1）增值税的处理

企业要按照受托企业收取的加工费（不含消费税）和规定的增值税率支付增值税，凡属于加工物资用于应交增值税项目并取得增值税专用发票的一般纳税人，可将这部分增值税作为进项税（允许从销项税中扣除），不计入加工物资的成本；凡属加工物资用于非应纳增值税项目或免征增值税项目的，以及未取得增值税专用发票的一般纳税人和小规模纳税人的加工物资，应将这部分增值税计入委托加工物资的成本。

（2）消费税的处理

企业要按规定交纳消费税（指属于消费税应税范围的加工物资）。消费税按受托方的同类消费品的销售价格计算，没有同类消费品销售价格的，按组成计税价格计算纳税。计算公式如下：

$$应交消费税 = 同类产品的销售价格 \times 消费税税率$$

$$或 = 组成计税价格 \times 消费税税率$$

$$组成计税价格 = \frac{材料成本 + 加工费用}{1 - 消费税税率}$$

应交消费税的委托加工存货，由受托方代收代缴的消费税，有两种情况：

（1）委托加工存货收回后直接用于销售。由受托方代缴的消费税应计入委托加工存货的成本，但该批存货出售后，不需要再交消费税。这种情况下，消费税包含在委托加工物资的成本中：

$$委托加工存货成本 = 发出材料实际成本 + 加工费用 + 运杂费用 + 交纳消费税$$

（2）委托加工存货收回后用于连续生产应税消费品。按规定交纳的消费税准予抵扣，计入"应交税费——应交消费税"科目借方，不计入委托加工存货的成本。待用委托加工存货生产出的产品销售时，再交消费税。这种情况下，消费税不包含在委托加工物资的成本中：

委托加工存货成本＝发出材料实际成本＋加工费用＋运杂费用

2. 投资者投入的存货

按照投资各方在投资合同或协议约定的价值，确认存货的价值，但合同或协议约定价值不公允的除外。

企业收到投资者投入的存货时，按投资合同或协议约定的存货价值，借记存货各相关科目，按增值税专用发票上注明的增值税进项税额，借记"应交税费——应交增值税（进项税额）"科目，按投资者在注册资本中应占份额贷记"实收资本"或"股本"科目，借贷差额贷记"资本公积"科目。

3. 接受捐赠的存货

按以下规定确定其实际成本。

第一，捐赠方提供了有关凭据（如发票、报关单、有关协议）的，按凭据上标明的金额加上应支付的相关税费，作为实际成本。

第二，捐赠方没有提供有关凭据的，按如下顺序确定其实际成本：①同类或类似存货存在活跃市场的，按同类或类似存货的市场价格估计的金额，加上应支付的相关税费，作为实际成本；②同类或类似存货不存在活跃市场的，按该接受捐赠的存货的预计未来现金流量现值，作为实际成本。

4. 盘盈的存货

盘盈的存货，按重置成本作为入账价值，并通过"待处理财产损溢"账户进行会计处理，按照管理权限批准后，无法确定盘盈原因的报经批准后，冲减当期管理费用。

5. 通过非货币性资产交换、债务重组和企业合并等方式取得的存货的成本

分别按照非货币性资产交换、债务重组和企业合并准则的相关规定确定。

三、发出存货的计量

（一）存货的实物流转与存货成本流转的假设

存货的流转是企业在生产经营过程中存货的购入、领用、销售所形成的流转过程，它包括实物流转和成本流转两个方面。

企业的存货因生产经营活动的持续进行而不断地处于流入和流出的过程中。从理论上讲，存货的实物流转与成本流转应保持一致，即实物收入和发出时，其账面成本也相应地增加和转出。但在实际工作中，存货的实物流转与成本流转很难保持一致。

由于企业的各种存货是分次购入或多次生产完成的，同一品种、同一规格存货各次采购成本或生产成本也往往不同，因此，发出存货的成本需要采用一定的方法加以确定。在确定存货发出的方法中，实物的流转与成本的流转可能保持一致，也可能不一致，即存在着实物流转与成本流转相分离的情况，出现了存货成本流转假设。

企业应当根据各类存货实物流转的情况、企业管理的要求、存货的性质等实际情况，确定发出存货成本的计算方法，以及当期发出存货的实际成本。企业可以用于确定发出存货成本的方法有个别计价法、加权平均法、移动平均法、先进先出法和后进先出法等。企业会计准则规定，企业在确定发出存货的成本时，可以采用先进先出法、加权平均法或者个别计价法。对于性质和用途相似的存货，应采用相同的计价方法。存货的计价方法一旦选定，前后各期应保持一致，并在会计报表附注中予以披露。不同的存货计价方法，将对企业的财务状况和经营成果产生影响。

（二）发出存货的计价方法

采用不同的存货计价方法，发出存货的成本与结存存货的成本举例如下。

1. 个别计价法

个别计价法也叫分批认定法，是指用每一批存货购入时的实际单位成本作为该批存货发出时的单位成本，期末结存的存货成本按购入时的单位成本确定。在这种方法下，实物流转与成本流转保持一致。

采用个别计价法进行存货的明细核算，要求保管部门对每批购进的商品分别存放，并为各批存货分别标明进货批次和进价，在存货发出时，应在发货单中填明其进货的批次和单价，以便据以计算该批存货发出的成本，登记库存存货明细账。在发出存货时，按发出数量乘以实际单价计算。如果发出的存货包括两批或两批以上的进货时，也应按两个或两个以上的进价分别计算。个别计价法一般适用于单位价值比较高或容易辨认的存货，如房产、飞机以及珠宝、首饰等贵重物品。

2. 加权平均法

加权平均法也称月末一次加权平均法，是指以期初结存存货数量和本期收入存货数量之和为权数，来确定本月发出存货的加权平均单价，并据以计算存货的发出成本和期末结存成本的方法。

$$发出存货全月一次加权平均单价 = \frac{月初结存存货成本 + 本月购入存货成本}{月初结存存货数量 + 本月购入存货数量}$$

$$本月发出存货成本 = 加权平均单价 \times 发出存货数量$$

在这种方法下，对于购入存货，不仅在明细账上要登记数量，而且还要记入单价、金额，但对于发出材料只登记数量，并随时结出账面结存数量，至于发出存货的成本和月末结余成本，在月末计算出加权平均单价后再行填列。

加权平均法的优点在于月末计算一次加权单价，简化了成本核算工作；缺点是对月中发出存货的成本平时无法在账簿中反映出来，不利于存货的及时管理，影响成本计算的及时性，不利于了解存货资金的日常占用情况。这种方法适用于单价变动幅度不大而存货收发比较频繁的企业。

3. 移动加权平均法

移动加权平均法，指本次收入存货的成本加原有库存存货的成本，除以本次收货数量加原有存货数量，据以计算加权单价，并对发出存货进行计价的一种方法。采用这种方法时，每购入一次存货，就计算一个加权平均单价，作为日常发出存货的单价。

$$移动加权平均单价 = \frac{本次购入前结存成本 + 本次购入存货成本}{购入前结存数量 + 本次购入存货数量}$$

$$发出存货成本 = 移动加权平均单价 \times 发出存货数量$$

采用这种方法，存货明细账上能够随时登记存货收、发、存的数量，单价和金额。

移动加权平均法的优点是可以随时反映存货账面结存数量及金额，可以随时计算结转存货发出成本，从而有利于加强存货的资金管理，计算的存货发出和结存成本较准确；缺点是核算工作量过大。此法适用于存货种类较少、存货采购频率不高的企业。

4. 先进先出法

先进先出法是指以先收到的存货先发出这样一种存货实物流转假设为前提，对发出存货进行计价的一种方法。

采用这种方法计算发出存货成本时，依据存货明细账中结存存货的数量和单价，依次进行计算，求出发出存货的成本。

采用先进先出法，可以在存货发出时就计算结转发出存货成本，并且结存存货的成本与市价比较接近。同时可以看出，在物价持续上涨时，采用这种方法计算的发出成本较低，企业当期利润计算偏高，期末存货成本就接近于最后收进或购进存货的成本。也就是说，从该方法对财务报告的影响看，物价上涨期间，会高估当期利润和存货价值；反之，会低估当期利润和存货价值。

先进先出法的优点是账面结存存货的成本与市价基本一致；缺点是发出存货数量较大时，发出的存货成本需要使用多个单价计算，会计核算工作比较复杂，特别是对于存货进出量频繁的企业更是如此。

（三）计划成本法

计划成本法是指原材料的日常收入、发出和结存均按照预先制定的计划成本计价，并设置"材料成本差异"账户登记实际成本与计划成本之间的差异；月末，再通过对材料成本差异的分摊，将发出材料的计划成本和结存材料的计划成本调整为实际成本进行反映的一种核算方法。

1. 计划成本法的适用范围和核算程序

计划成本法适用于原材料品种较多、收发次数比较频繁的大中型企业。

采用计划成本法核算可以简化原材料收发的日常核算手续，同一原材料采用同一个单位计划成本，其明细账平时可以只登记收、发、存的数量，而不必登记金额，因此在日常核算中就避免了烦琐的发出存货计价，简化了存货的日常核算手续。采用计划成本法进行日常核算的基本程序如下：

（1）制定科学合理的原材料的计划单位成本

企业应结合各种原材料的特点、实际采购成本等确定原材料的计量单位和计划单位成本。计划成本是指在正常的市场条件下，企业取得原材料应当支付的合理成本。计划成本一般由会计部门会同采购等部门共同制定，制定的计划成本应尽可能接近实际，以利于发挥计划成本的考核和控制功能。计划成本一经确定，在年度内一般不作调整。

（2）确定材料成本差异

原材料的计划成本与实际成本的差异就是材料成本差异。如果一批原材料的实际成本大于计划成本，此差异为超支差；反之，则为节约差。材料成本差异的计算公式如下：

材料成本差异=该批存货的实际成本－该批存货的计划成本

（3）收入材料和发出材料的日常核算中均按计划成本计价

平时取得原材料，按其计划成本和计划成本与实际成本之间的差异额分别在相关账户进行分类登记；平时发出原材料按计划成本核算。

（4）月末结转材料成本差异

月末按本月发出材料应负担的差异额进行分摊，并随同发出材料的计划成本记入有关账户，从而将消耗原材料调整为实际成本。

因此，计划成本法下的核算思路为原材料的日常收入与发出均按计划成本计价，月末通过计划成本与实际成本差异的分摊，将本月发出材料的计划成本和月末结存的原材料的计划成本调整为实际成本进行反映。

2. 计划成本法计价组织收发核算应设置的科目

（1）"材料采购"科目

"材料采购"科目属于资产类账户，该账户用来核算采用计划成本进行材料日常核算的企业所购入的各种材料的实际采购成本、结转入库材料的计划成本，并据以确定购入材料成本差异。

"材料采购"科目借方登记应记入材料采购成本的实际成本（包括买价、采购费用等），以及结转验收入库材料的实际成本与计划成本的节约差；贷方登记验收入库的原材料的计划成本，以及结转验收入库材料的实际成本与计划成本的超支差。期末有借方余额，表示尚未到达或尚未验收入库的材料的实际成本。该账户应按材料的类别或品种设置明细账户，进行明细分类核算。

（2）"材料成本差异"科目

"材料成本差异"科目属于资产类账户，该账户用来核算企业各种材料的实际成本与计划成本的差异及其节余情况。

"材料成本差异"科目的借方登记结转验收入库材料的超支差以及发出材料应负担的节约差；贷方登记结转验收入库材料的节约差以及发出材料应负担的超支差。期末余额可能在借方，也可能在贷方。如果期末余额在借方，表示库存材料的实际成本大于计划成本的超支差异额；如果期末余额在贷方，表示库存材料实际成本小于计划成本的节约差异额。

（3）"原材料"科目

"原材料"科目属于资产类账户，该账户在计划成本法下是核算企业原材料的计划成本的增减变动的。在计划成本法下，"原材料"科目借方登记已验收入库材料的计划成本，账户贷方登记发出或其他原因减少材料的计划成本，期末余额在借方，表示期末库存材料的计划成本。该科目应按购入材料的品种、规格分别设置明细分类账户，进行明细分类核算。

3. 计划成本法下原材料的发出及成本差异率的计算

为了便于材料成本差异的分摊，企业应计算材料成本差异率，作为分摊材料成本差异的依据。在计划成本法下，每月月末通过计算材料成本差异率，将本月发出材料和月末材料调整为实际成本。材料成本差异率是反映每1元原材料的计划成本应该负担的材料成本差异。

材料成本差异率包括本月材料成本差异率和月初材料成本差异率两种，计算公式如下：

$$本月材料成本差异率 = \frac{月初结存材料的成本差异 + 本月验收入库材料的成本差异}{月初结存材料的计划成本 + 本月验收入库材料的计划成本} \times 100\%$$

发出原材料应负担的成本差异必须按月分摊，不得在季末或年末一次分摊。企业在分摊发出材料应负担的成本差异时，实际成本大于计划成本的超支差，用蓝字登记；实际成本小于计划成本的节约差，用红字登记。

四、存货的清查

为了加强对存货资产的控制，企业应定期或不定期地对存货的实物进行清查，确定存货的实有数与账面记录相符。

在进行存货清查盘点时，如果发现存货盘盈或盘亏，应在会计期期末前查明原因，并根据企业的管理权限，报经股东大会或董事会，或经（厂长）会议或类似机构批准后，在期末结账前处理完毕。

存货的清查过程中，应设置"待处理财产损溢"账户，根据存货盘点报告表所列实存数与账存数之间的差额结转入"待处理财产损溢"账户；批准后，再根据产生差异的原因处理。

（一）存货盘盈

存货盘盈是指存货的实存数量超过账面结存数量的差额。根据"账存实存对比表"，调整实物账户，转入"待处理财产损溢"账户。

查明原因经批准转账，如果是由于管理原因导致存货盘盈，则存货盘盈冲减管理费用。

（二）存货盘亏和毁损

存货盘亏是指存货的实存数量低于账面结存数量的差额。

存货盘亏和毁损发生后，根据不同阶段，分两步进行会计处理。

第一步，调整实物账户，将盘亏或毁损的存货账面价值转入"待处理财产损溢"科目。借记"待处理财产损溢——待处理流动资产损溢"科目，贷记存货相关科目。

第二步，按管理权限报经批准后，根据造成存货盘亏或毁损的原因，考虑税法的相关规定，分别视情况进行处理。

根据税法相关规定，如果盘亏存货的原因属于非正常损失（指生产经营过程中正常损耗外的损失，包括因管理不善造成货物被盗窃、发生霉烂变质等损失），企业应将该存货包含的增值税进项税额转出，但如果原因是生产过程中的正常损失，则不作进项税额转出。

如果原因是存货定额内的合理损耗，增值税进项税额不用转出，则借记"管理费用"账户，贷记"待处理财产损溢——待处理流动资产损溢"科目。

如果原因由存货保管人员过失造成，由责任人赔偿，增值税进项税额要转出，一并记入"其他应收款"科目。

如果原因是由管理不善等非正常原因造成的存货毁损，增值税进项税额要转出，并先扣除残料价值、可以收回的保险赔偿和过失人赔偿，将净损失计入"营业外支出"科目。

如果属于自然灾害等非正常原因造成的毁损，则扣除可收回的保险公司和过失人赔款以及残料价值后的净损失，计入"营业外支出"科目。

如果盘盈或盘亏的存货在期末结账前尚未批准，在对外提供财务报告时，应先按上述方法进行会计处理，并在财务报表附注中作出说明。如果其后批准处理的金额与已处理的金额不一致，应调整当期财务报表相关项目的年初数。

五、存货的期末计量

《企业会计准则——存货》规定："会计期末，存货应当按照成本与可变现净值孰低计量，对可变现净值低于存货成本的差额，计提存货跌价准备，计入当期损益。"这里的"会计期末"是指资产负债表日。也就是说，按照企业会计准则的规定，在资产负债表日，存货应当按照成本与可变现净值孰低法进行计量。

（一）成本与可变现净值孰低法的含义

成本与可变现净值孰低法是指存货在期末按照存货成本与存货的可变现净值两者之中较低者计价的方法。也就是说，当成本低于可变现净值时，期末存货按成本计价；当可变现净值低于成本时，期末存货按可变现净值计价。成本与可变现净值孰低法是会计谨慎性原则的体现，即在会计方法的选择上不高估资产或利润、不低估负债或费用的会计方法。

成本是指期末存货的实际成本，即以历史成本为基础的存货计价方法（如先进先出法等）进行计量所确定的期末存货的账面成本。如果企业在存货成本的日常核算中采用计划成本法等简化核算方法，那么存货成本是指经差异调整后的实际成本。

可变现净值是指在日常活动中，存货的估计售价减去至完工时估计将要发生的成本、估计的销售费用以及相关税费后的金额。

（二）可变现净值的确定

企业应定期对存货进行检查，当存货存在减值迹象时，应当计算其可变现净值，计提存货跌价准备。存货如果存在下列情形之一的，则表明存货的可变现净值为零，应全额计提存货跌价准备：已霉烂变质的存货；已过期且无转让价值的存货；生产中已不再需要，并且已无使用价值和转让价值的存货；其他足以证明已无使用价值和转让价值的存货。

1. 可变现净值的特征

①确定存货的可变现净值是指企业在进行日常活动过程。企业处于正常的生产经营而非破产清算等非正常活动过程。

②可变现净值是存货的预计未来净现金流量，而非存货的售价或合同价。

③不同存货的可变现净值构成不同。产成品、商品和用于出售的材料等直接用于出售的存货，应当以该存货的估计售价减去估计的销售费用和相关税费，确定其可变现净值；需要加工的材料存货，应以所生产的产成品的估计售价减去至完工时估计将要发生的成本、估计的销售费用和相关税费后的金额，确定其可变现净值；资产负债表日，同一项存货中，一部分有合同价格约定、其余部分不存在合同价，应分别确定其可变现净值，并与其相对应的成本进行比较，分别确定存货跌价准备的计提或转回金额。

2. 不同情况下，存货可变现净值的确定

①产成品、商品和用于出售的原材料等直接用于出售的存货，其可变现净值是指在正常生产经营过程中，以存货的估计售价减去估计的销售费用和相关税费后的金额

可变现净值＝估计售价－估计的销售费用和相关税金

②用于生产的材料、在产品或自制半成品等需要经过加工的存货，其可变现净值是指在正常生产经营过程中，以存货的估计售价减去至完工估计将要发生的成本、估计的销售费用以及相关税金后的金额

可变现净值＝估计售价－至完工估计将要发生的成本－估计的销售费用和相关税金

预计可变现净值应当以当期取得的最可靠的证据为基础预计，并且考虑持有

存货的目的、资产负债表日后事项的影响等因素。如果在期末时预计与价格和成本相关的期后事件可能会发生，则在预计时必须考虑与期后事件相关的价格与成本的波动。在预计可变现净值时，还应当考虑持有存货的其他因素，例如，有合同约定的存货，应当按合同价作为计算基础，如果企业持有存货的数量多于销售合同订购数量，存货超出部分的可变现净值应以一般销售价格为计算基础。

需要注意的是，企业持有的材料存货（包括原材料、在产品、委托加工物资等）这些主要用于继续生产产品的存货，在会计期期末，运用成本与可变性净值孰低法时，需要区分两种情况确定其期末价值：一是用该材料生产的产成品的可变现净值＞成本，则该材料应当按照成本计量；二是用该材料生产的产成品的可变现净值＜成本，则该材料应当按可变现净值计量，材料的可变现净值＝该材料所生产的产成品的估计售价－至完工时估计将要发生的成本－估计的销售费用以及相关税费。

③为执行销售合同或劳务合同而持有的存货，其可变现净值应当以合同价格为基础计算。

企业与购买方签订了销售合同，合同的订购数量大于或等于企业持有的存货数量，应分别确定其可变现净值，并与其相对应的成本比较，分别确定存货跌价准备的计提或转回的金额，不得相互抵销；如果企业销售合同的标的物尚未生产出来，但持有专门用于生产该标的物的材料，则其可变现净值应以合同价格作为计量基础。

如果企业持有的同一项存货的数量多于销售合同订购的数量，应分别确定其可变现净值。有合同部分，可变现净值以合同价款为基础确定；超出部分，可变现净值以一般销售价格为基础计算。

（三）成本与可变现净值孰低法的应用

《企业会计准则——存货》规定："存货跌价准备应当按照单个存货项目计提。"通常情况下，企业在资产负债表日应按照单个存货项目计提存货跌价准备；对于数量繁多、单价较低的存货，也可以按存货类别计提存货跌价准备。如果应计提的存货跌价准备大于已提的存货跌价准备，则应补提。企业计提的存货跌价准备，应计入当期损益，确认在"资产减值损失"科目下。

1. 成本低于可变现净值

如果期末结存存货的成本低于可变现净值,则不需作账务处理,资产负债表中的存货仍按期末账面价值列示。

2. 可变现净值低于成本

如果期末存货的可变现净值低于成本,则必须在当期确认资产减值损失,并进行有关账务处理。首先,比较存货的成本与可变现净值,以计算出应计提的跌价准备,然后,与"存货跌价准备"科目中的已提数余额进行比较,若应提数大于已提数,应予补提;反之,应冲销部分已提数。提取和补提存货跌价准备时,借记"资产减值损失"科目,贷记"存货跌价准备"科目;如果已计提跌价准备的存货的价值以后又得以恢复,应按恢复增加的数额,借记"存货跌价准备"科目,贷记"资产减值损失"科目。其次,当已计提跌价准备的存货的价值以后又得以恢复,其冲减的跌价准备金额,应以"存货跌价准备"科目的余额冲减至0为限。最后,需要注意的是,导致存货跌价准备转回的是以前减计存货价值的影响因素的消失,而并非在当期造成存货可变现净值高于其成本的其他因素,如果本期导致存货可变现净值高于其成本的影响因素不是以前减计该存货价值的影响因素,则该存货跌价准备不得转回。

企业计提了存货跌价准备,如果其中有部分存货已经销售,那么企业结转销售成本的同时,应结转对其已计提的存货跌价准备。对于因债务重组、非货币性交易转出的存货,应同时结转已计提的存货跌价准备,但不冲减当期损益,按债务重组和非货币性交易的原则进行会计处理。

第三节 金融资产

一、金融资产的概念

金融资产属于企业资产的重要组成部分,主要包括库存现金、银行存款、应收账款、应收票据、其他应收款、股权投资、债权投资和衍生金融工具形成的资产等。

二、交易性金融资产

交易性金融资产是指企业为了近期内出售或回购而持有的金融资产,通常是指不超过一年的投资,如企业从二级市场购买的股票、债券、基金等。

对交易性金融资产的核算企业应设置"交易性金融资产"科目,核算企业为交易目的所持有的债券投资、股票投资、基金投资、权证投资等和直接指定为以公允价值计量且其变动计入当期损益的金融资产,并按照交易性金融资产的类别和品种,分别设置"成本""公允价值变动"等明细科目进行明细核算。划分为交易性金融资产的衍生金融资产,不通过"交易性金融资产"科目核算。

对交易性金融资产的核算,包括交易性金融资产的初始计量和后续计量。

(一)交易性金融资产初始计量

企业取得交易性金融资产时,按取得该项交易性金融资产的公允价值为初始入账金额,相关交易费用在发生时直接记入当期损益。

按公允价值进行初始计量,交易费用计入当期损益(计入"投资收益"科目的借方)。

交易费用是指可直接归属于购买、发行或处置金融工具新增的外部费用,主要包括支付给代理机构、咨询公司、券商等的手续费和佣金以及其他必要支出,但不包括债券溢价、折价、融资费用、内部管理成本及其他与交易不直接相关的费用。企业为发行金融工具所发生的差旅费等,不属于交易费用。

支付的价款中包含已宣告但尚未发放的现金股利或已到付息期但尚未领取的债券利息,应当单独确认为应收项目(分别计入"应收股利"和"应收利息"科目),不计入交易性金融资产的初始入账金额中。

(二)交易性金融资产的后续计量

交易性金融资产的后续计量是指企业取得了交易性金融资产之后,在相关时点的会计计量和处理。后续计量体现三个时点的会计处理,这三个时点分别是:持有期间取得利息或现金股利、资产负债表日的计量、交易性金融资产的处置。

1. 持有期间取得利息或现金股利

企业持有交易性金融资产期间,对于被投资单位宣告发放的现金股利,应于投资单位宣告发放现金股利时确认为投资收益；对于企业获得的债券利息，应在资产负债表日或付息日将利息收入确认为投资收益。

2. 资产负债表日的计量

交易性金融资产在资产负债表日应按照公允价值计量，公允价值与账面余额之差记入当期损益。

在资产负债表日，按照公允价值确认交易性金融资产的价值。公允价值与账面余额的差额，通过"交易性金融资产——公允价值变动"科目来反映和调整，记入当期损益时确认在"公允价值变动损益"科目。

3. 交易性金融资产的处置

交易性金融资产的处置是指将交易性金融资产出售。在处置金融资产时，售价与账面价值之间的差额确认为投资收益；同时调整公允价值变动损益。

企业出售交易性金融资产，该金融资产账面余额转出，按收到的金额确认"银行存款"等账户的增加，其差额确认为投资收益；同时，将该项交易性金融资产的公允价值变动转出，确认为投资收益。

三、持有至到期投资

持有至到期投资是指到期日固定、回收金额固定或可确定，且企业有明确意图和能力持有至到期的非衍生金融资产，如企业从二级市场上购入的固定利率的国债、浮动利率的金融债券等。

企业应设置"持有至到期投资"会计科目，用来核算企业持有至到期投资的价值。该科目属于资产类科目，应当按照持有至到期投资的类别和品种，分别对"成本""利息调整""应计利息"等进行明细核算。

（一）持有至到期投资的初始计量

企业初始确认持有至到期投资时，应按公允价值与相关交易费用之和，确认初始入账金额。如果实际支付的价款中，包含已到付息期但尚未领取的债券利息，应单独确认为应收项目。

企业取得的持有至到期投资，应按该投资的面值，借记"持有至到期投资

（成本）"，按支付的价款中包含的已到付息期但尚未领取的利息，借记"应收利息"科目，支付的银行存款是为取得投资发生的买价和交易费用之和，贷记"银行存款"等科目，按其差额记入"持有至到期投资（利息调整）"的借方或贷方。

（二）持有至到期投资的后续计量

持有至到期投资持有期间应采用实际利率法按摊余成本计量，按摊余成本和实际利率计算确认当期利息收入，计入投资收益。

1. 实际利率的测算

实际利率是指将金融资产在预期存续期间或适用的更短期间内的未来现金流量，折现为该金融资产当前账面价值所使用的利率。持有至到期投资的实际利率就是该项债券未来现金流入的利息和本金折算为购入债券的入账价值的折现率。

持有至到期投资初始确认时，应当计算其实际利率，并在持有至到期投资预期存续期间或适用的更短期间内保持不变。

2. 摊余成本的计算

摊余成本是指持有至到期投资的初始确认金额经过下列调整后的结果：①扣除已收回的本金；②加上或减去采用实际利率法将该初始确认金额与到期日金额之间的差额进行摊销形成的累计摊销额；③扣除已发生的减值损失。

如果有客观证据表明该持有至到期投资按实际利率计算的各期利息收入与名义利率计算的相差很小，也可以采用名义利率摊余成本进行后续计量。

如果不存在已收回本金，也没有发生减值损失的情况下，计算摊余成本就是将持有至到期投资的初始确认金额加上或减去采用实际利率法将该初始确认金额与到期日金额之间的差额进行摊销形成的累计摊销额。具体而言，在这种情况下，计算期末摊余成本时，需要确认三个量：期初摊余成本、实际利息收入和按票面利率计算的现金流入。利息收入在计算时是以期初摊余成本乘以实际利率来确认的，这个利息收入是会计处理中确认的投资收益；企业收到的现金流入是按票面利率乘以面值，这构成企业的"应收利息"。期末摊余成本的计算公式如下：

期末摊余成本＝期初摊余成本＋实际利息－现金流入

如果还存在已收回本金、发生减值损失的情况，期末摊余成本计算公式如下：

期末摊余成本＝期初摊余成本＋实际利息－现金流入－已收回的本金－已发生的减值损失

3. 持有至到期投资后续计量的会计处理

（1）资产负债表日

持有至到期投资在资产负债表日计提债券利息，并按实际利率法确认投资收益，调整为摊余成本。在资产负债表日的处理，根据付息方式而不同。

如果持有至到期投资为分期付息、一次还本债券投资的，应按票面利率计算确定的应收未收利息，借记"应收利息"科目，按持有至到期投资摊余成本和实际利率计算确定的利息收入，贷记"投资收益"科目，按其差额，借记或贷记"持有至到期投资——利息调整"。

如果持有至到期投资为一次还本付息债券投资，应于资产负债表日按票面利率计算确定的应收未收利息，借记"持有至到期投资——应计利息"，持有至到期投资摊余成本和实际利率计算确定的利息收入，贷记"投资收益"科目，按其差额，借记或贷记本科目"持有至到期投资——利息调整"。

当收到分期付息、一次还本的持有至到期投资持有期间支付的利息时，借记"银行存款"，贷记"应收利息"科目。

（2）持有至到期投资的出售

出售持有至到期投资时，应按实际收到的金额，借记"银行存款"等科目，已计提减值准备的，借记"持有至到期投资减值准备"科目，按其账面余额，贷记"持有至到期投资——成本、利息调整、应计利息"，按其差额，贷记或借记"投资收益"科目。

（三）持有至到期投资的重分类

当企业所持有的持有至到期投资出现了违背将投资持有到期的最初意图的情况，那么需要将该金融资产重分类为可供出售金融资产。

具体而言，当企业在本会计年度内出售的部分或者是重分类的部分占持有至到期投资总额的比例较大，那么剩余的持有至到期投资就应该重分类为可供出售金融资产，并以公允价值进行后续计量。但是，下列情况例外：

①出售日或重分类日距离该项投资到期日或赎回日较近（如到期前3个月内），市场利率变化对该项投资的公允价值没有显著影响。

②根据合同约定的偿付方式，企业已收回几乎所有初始本金。

③出售或重分类是由于企业无法控制、预期不会重复发生且难以合理预计的独立事项所引起。

企业因出售或重分类持有至到期投资的金额较大而将剩余持有至到期投资重分类为可供出售金融资产后，在本会计年度及以后两个完整的会计年度内不得再将金融资产划分为持有至到期投资，直至两个完整的会计年度之后，企业才可以将符合规定条件的金融资产划分为持有至到期投资。

重分类时，可供出售金融资产按照公允价值来计量，结转的持有至到期投资是按摊余成本计量的。因此，重分类时应将其账面价值与公允价值之间的差额，计入所有者权益下的"其他综合收益"。

四、贷款和应收款项

（一）贷款和应收款项的含义

贷款和应收款项，是指在活跃市场中没有报价、回收金额固定或可确定的非衍生金融资产。贷款和应收款项与持有至到期投资相比，共同的特点是回收金额固定或是可确定、属于非衍生金融资产，两者的区别主要在于贷款和应收款项是在活跃市场中没有报价的金融资产，而持有至到期投资则是"在活跃市场中有报价"的金融资产。

贷款是商业银行的一项主要业务，商业银行需要设置"贷款"科目对其发放的贷款和其他债权进行核算。应收款项是指非金融的其他一般企业销售商品或提供劳务形成的应收款项、企业持有的其他企业的债权（不包括在活跃市场上有报价的债务工具），主要包括应收账款、应收票据及其他应收款等。此处主要介绍应收款项。

（二）应收款项的会计处理

1. 应收账款

应收账款是用来核算企业因销售产品、提供劳务等业务而向购货单位或接受劳务单位应收取的款项。应收账款的入账价值包括：企业因销售产品、提供劳务等业务而向购货单位或接受劳务单位应收取的款项、销售货物的增值税销项税额以及代购货方垫付的包装费和运杂费等。应收账款核算设置"应收账款"账户，并应按照不同的购货单位设置明细账户，进行明细分类核算。

企业销售商品或提供劳务发生应收账款，在没有商业折扣的情况下，按发票金额和代购货单位垫付的运费合计金额入账。存在商业折扣的情况下，应按扣除商业折扣后的金额入账。存在现金折扣的情况下，采用总价法入账，发生现金折扣时，作为财务费用处理。

2. 应收票据

应收票据是指企业持有的还没有到期、尚未兑现的商业票据。商业票据是由出票人签发的，委托付款人在指定日期无条件支付确定金额给收款人或持票人的票据。商业汇票的付款期限最长不得超过6个月。符合条件的持票人，可以持未到期的商业汇票连同贴现凭证向银行申请贴现。

（1）应收票据的种类

根据承兑人不同，商业汇票分为商业承兑汇票和银行承兑汇票两种。商业承兑汇票是指由付款人签发并承兑，或由收款人签发交由付款人承兑的汇票。银行承兑汇票是指由在承兑银行开立存款账户的存款人签发、由承兑银行承兑的票据。

商业汇票按是否计息可分为不带息商业汇票和带息商业汇票。不带息商业汇票是指商业汇票到期时，承兑人只按票面金额（面值）向收款人或被背书人支付款项的汇票。带息票据是指商业汇票到期时，承兑人必须按票面金额加上应计利息向收款人或被背书人支付票款的票据。一般而言，企业收到的应收票据，应按票据的面值入账。但对于带息的应收票据，应于期末按应收票据的票面价值和确定的利率计提利息，计提的利息应增加应收票据的账面价值。

（2）应收票据的确认和计量

应收票据的取得和收回业务，都是通过"应收票据"科目反映的。借方登记取得的应收票据的面值，贷方登记到期收回票款或前期向银行贴现的应收票据的票面余额，期末余额在借方，反映企业持有的商业汇票的票面金额。

当持票人因急需资金，可将未到期的应收票据背书后转让给银行，银行受理后，扣除银行贴现率计算确定贴现息后，将余额付给贴现企业。持未到期的商业汇票到银行贴现，符合金融工具确认和计量准则有关金融资产终止确认条件的，应按照实际收到的金额与商业汇票的票面金额之差，记入"财务费用"科目；不符合金融工具确认和计量准则有关金融资产终止确认条件的，不应结转应收票据，应按实际收到的金额（减去贴现息后的净额），借记"银行存款"科目，按贴现息部分，借记"短期借款——利息调整"等科目，按商业汇票的票面金额，贷记"短期借款——成本"科目。

企业应当设置"应收票据备查簿"，逐笔登记每一应收票据的种类、号数和出票日期、票面金额、票面利率、交易合同号和付款人、承兑人、背书人的姓名或单位名称、到期日、背书转让日、贴现日期、贴现率和贴现净额、计提的利息，以及收款日期和收回金额、退票情况等资料。应收票据到期结清票款或退票后，应当在备查簿内逐笔注销。

3. 预付账款

预付账款是企业按照购货合同或劳务合同规定，预先支付给供货方或提供劳务方的账款。企业应设置"预付账款"科目，对预付账款进行核算。对于预付账款不多的企业，也可将预付货款记入"应付账款"的借方。

预付账款的核算包括预付款项和收回货物或劳务两个环节。预付款项时，根据购货合同规定向供应单位预付款项时，借记"预付账款"科目，贷记"银行存款"科目；收回货物或劳务时，根据有关发票金额，借记"原材料""应交税费——应交增值税（进项税额）"等科目，贷记"预付账款"科目；预付货款如果不足，应将不足部分补足，借记"预付账款"，贷记"银行存款"。

4. 其他应收款

其他应收款是指企业除应收票据、应收账款、预付账款以外的其他各种应收、暂付款项，包括：应收的各种赔款、罚款；应收的出租包装物租金；应向职工收取的各种垫付款项；备用金；存出保证金，如租入包装物支付的押金；其他各种应收、暂付款项。

其他应收款的核算及举例在此不再赘述。

五、可供出售金融资产

可供出售金融资产是指初始确认时即被指定为可供出售的非衍生金融资产，以及除下列各类资产以外的金融资产：①贷款和应收款项；②持有至到期投资；③以公允价值计量且其变动计入当期损益的金融资产。企业购入在活跃市场有报价的股票、债券、基金等，没有划分为前三类金融资产的，就归类为可供出售金融资产。

可供出售金融资产可以分为可供出售债权工具和可供出售权益工具。可供出售债权工具是指企业取得的确认为可供出售金融资产的各种债权；可供出售权益工具是指企业取得的确认为可供出售金融资产的各种股权。如企业持有的上市公司限售股；持有的在活跃市场没有报价且对被投资企业不存在控制、共同控制和重大影响的股权，不符合交易性金融资产条件也不符合长期股权投资确认条件的，应确认为可供出售金融资产；企业持有至到期投资持有意愿发生变化而重分类为可供出售金融资产的债券。

企业应设置"可供出售金融资产"会计科目，核算该类可供出售金融资产的公允价值，并按照可供出售金融资产的类别和品种，分别设置"成本""利息调整""应计利息""公允价值变动"等明细账进行明细核算。

（一）可供出售金融资产的初始计量

第一，可供出售金融资产按取得该项金融资产的公允价值进行初始计量，交易费用计入初始确认金额。

可供出售金融资产是权益工具投资的，发生的交易费用计入"可供出售金融资产——成本"明细科目中；如果是债务工具投资，与持有至到期投资的处理相似，"成本"明细科目登记债券的面值，交易费用计入"利息调整"明细科目。

第二，企业取得可供出售金融资产所支付的价款中包含已宣告但尚未发放的现金股利，或已到付息期但尚未领取的债券利息应当单独确认为应收项目。

因此，可以把可供出售金融资产的初始计量，按照该项资产是股票或债券进行分类，初始计量具体处理如下。

①可供出售金融资产为权益工具投资，初始计量的相关分录如下：

借：可供出售金融资产——成本（公允价值与交易费用之和）

应收股利（支付的价款中包含的已宣告但尚未发放的现金股利）

贷：银行存款等（实际支付的金额）

②可供出售金融资产为债务工具投资的，初始计量的相关分录如下：

借：可供出售金融资产——成本（债券面值）

应收利息（支付的价款中包含的已到付息期但尚未领取的利息）

借或贷：可供出售金融资产——利息调整（差额）

贷：银行存款等（实际支付的金额）

如果可供出售金融资产是由持有至到期投资重分类取得，那么按照重分类的要求进行初始计量。企业因持有意图或能力发生改变，使某项投资不再适合划分为持有至到期投资的，应将其重分类为可供出售金融资产，并以公允价值进行后续计量。重分类日，该投资的账面价值与公允价值之间的差额计入其他综合收益。

（二）可供出售金融资产的后续计量

第一，可供出售金融资产为权益工具的，在持有期间取得的现金股利，应当确认为投资收益；可供出售金融资产为债务工具的，在持有期间采用实际利率法计算的可供出售金融资产（债券投资）的利息，应计入当期损益。

①可供出售金融资产为股票投资，持有期间取得现金股利，会计分录如下：

借：应收利息

贷：投资收益

②可供出售金融资产为分期付息、一次还本债券投资，持有期间取得债券利息，会计分录如下：

借：应收利息（债券面值 × 票面利率）

借或贷：可供出售金融资产——利息调整（差额）

贷：投资收益（期初摊余成本 × 实际利率）

③可供出售金融资产为一次还本付息债券投资，持有期间的债券利息应确认为当期的投资收益，会计分录如下：

借：可供出售金融资产——应计利息（面值 × 票面利率）

借或贷：可供出售金融资产——利息调整（差额）

贷：投资收益（期初摊余成本 × 实际利率）

第二，资产负债表日，可供出售金融资产应当以公允价值进行后续计量，公允价值变动计入所有者权益。

需要说明的是，如果可供出售金融资产为不具有控制、共同控制和重大影响的股权投资，其公允价值不能直接取得，则可以将其成本视为公允价值，不再确认公允价值变动。

借：可供出售金融资产——公允价值变动

贷：其他综合收益

或相反。

需要注意，如果可供出售金融资产是债券投资，需要先按摊余成本确认当期投资收益，然后再按公允价值与摊余成本之差确认计入所有者权益。

第三，出售（终止确认）时，应将取得的处置价款和该金融资产的账面余额的差额，计入投资收益；同时，将原直接计入所有者权益的累计公允价值变动相应转出，计入当期损益。即将"其他综合收益"转出，转入"投资收益"。

借：银行存款等（实际收到的金额）

贷：可供出售金融资产——成本
　　　　　　　　　　——公允价值变动等

贷/借：投资收益（差额）

借（或贷）：其他综合收益（公允价值累计变动额）

贷（或借）：投资收益

六、金融资产减值

（一）金融资产减值损失的确认

1. 金融资产减值的范围

企业应当在资产负债表日对以公允价值量及其变动计入当期损益的金融资产以外的金融资产（含单项金融资产或一组金融资产）的账面价值进行检查，有客观证据表明该金融资产发生减值的，应当确认减值损失，计提减值准备。在四类金融资产中，只有交易性金融资产不需要计提减值准备，其他三类（持有至到期投资、贷款和应收项目、可供出售金融资产）都需要在资产负债表日检查，并确认减值损失，计提减值准备。

确认减值的前提是该项金融资产有客观证据表明其发生了减值，该证据是指金融资产初始确认后发生的、对该金融资产的预计未来现金流量有影响，且企业能够对影响进行可靠计量的事项。

2. 金融资产减值的迹象

下列迹象可能导致金融资产发生减值，可以作为判断金融资产是否发生减值的客观证据：①发行方或债务人发生严重财务困难；②债务人违反了合同条款，如偿付利息或本金发生违约或逾期等；③债权人出于经济或法律等方面因素的考虑，对发生财务困难的债务人做出让步；④债务人很可能倒闭或进行其他财务重组；⑤因发行方发生重大财务困难，该金融资产无法在活跃市场继续交易；⑥无法辨认一组金融资产中的某项资产的现金流量是否已经减少，但根据公开的数据对其进行总体评价后发现，该组金融资产自初始确认以来的预计未来现金流量确已减少且可计量，如该组金融资产的债务人支付能力逐步恶化，或债务人所在国家或地区失业率提高、担保物在其所在地区的价格明显下降、所处行业不景气等；⑦债务人经营所处的技术、市场、经济或法律环境等发生重大不利变化，使权益工具投资人可能无法收回投资成本；⑧权益工具投资的公允价值发生严重或非暂时性下跌；⑨其他表明金融资产发生减值的客观证据。

（二）持有至到期投资减值的计量

持有至到期投资减值的计量分为发生减值的计量和已确认减值损失的资产价值恢复的计量两部分。

1. 持有至到期投资发生减值的计量

资产负债表日，企业应将持有至到期投资按摊余成本计量。如果有客观证据表明其发生减值，应将摊余成本（账面价值）与该金融资产的预计未来现金流量现值进行比较，如果该金融资产预计未来现金流量现值较低，则二者差额确认为减值损失，计提减值准备。计算预计未来现金流量现值时，折现率的选择原则上首选该金融资产的原实际利率。确认持有至到期投资减值损失的具体账务处理为：

借：资产减值损失

贷：持有至到期投资减值准备

2. 持有至到期投资已确认减值损失的资产价值恢复的计量

对于持有至到期投资确认减值损失后，如有客观证据表明该金融资产价值已恢复，且客观上与确认减值损失后发生的事项有关，原已确认的减值损失应当予以转回，计入当期损益。但是，该转回后的账面价值不应当超过假定不计提减值准备情况下该金融资产在转回日的摊余成本。转回减值损失的会计分录如下：

借：持有至到期投资减值准备

贷：资产减值损失

持有至到期投资确认减值损失后，利息收入要继续确认，应当按照确定减值损失时对未来现金流量进行折现采用的折现率作为利率计算确认。

（三）应收款项减值损失的计量

应收款项（包括应收账款、其他应收款等）减值的计量要求与持有至到期投资类似。应收款项的预计未来现金流量与其现值相差很小的，在确定相关减值损失时，可不对其预计未来现金流量进行折现，这也体现了会计核算的重要性原则。

1. 坏账提取金额的计算

在会计实务中,经常使用的确定应收款项减值金额的方法有应收款项余额百分比法和账龄分析法。

(1) 应收款项余额百分比法

应收款项余额百分比法是按应收款项的期末余额和坏账比率计算确定减值金额,并据以计提坏账准备的方法。采用这一方法,应事先根据经验确定一个综合的坏账损失百分比,然后用此百分比乘以应收款的账面余额,确定每期坏账准备的期末余额,从而确定当期应计提的坏账准备的金额。

(2) 账龄分析法

账龄分析法是根据各项应收款入账时间的长短来估计坏账损失的方法。

由于应收款拖欠期越长,发生坏账的概率越大,因此,将全部应收款按账龄分成若干组别,分别估计各组发生坏账的概率,然后用这些概率估计全部应收款的预计坏账总金额,并求得应计提的坏账准备金。

2. 应收款项减值计量的四种情况

(1) 提取坏账准备,确认资产减值损失

企业应定期或在会计期期末对应收款项进行减值测试,分析其可收回性,并预计可能发生的减值损失。对于单项金额重大的应收款项,应单独进行减值测试。有客观证据表明其发生了减值的,应当根据其未来现金流量现值低于其账面价值的差额,计提坏账准备,并确认资产减值损失,计入当期损益。单独进行减值测试未发生减值的,应当将其放在具有类似信用风险特征的应收款项组合中再进行减值测试。对于单项金额不重大的应收款项,可以单独进行减值测试,也可以包括在具有类似信用风险特征的应收款项组合中进行减值测试,如果有客观证据表明发生减值的,再按这些应收款项组合在资产负债表日余额的一定比例预计减值金额,计提坏账准备。

(2) 发生坏账,转销应收款项

当有确凿证据表明确实无法收回或收回的可能性不大的应收款项,转销该应收款项账面余额,并转销坏账准备。

(3) 坏账恢复

当应收款项确认减值损失后,如有客观证据表明该应收款项价值已恢复,即坏账恢复，则原已确认的减值损失应当予以转回，计入当期损益。

（4）坏账收回

坏账收回是指已作为坏账予以转销的应收款项，以后部分或全部收回。在坏账收回时，应先做一笔与原来转销应收款项相反的分录，然后再做一笔收回应收款项的分录。

（四）可供出售金融资产减值损失的计量

可供出售金融资产出现公允价值发生大幅度下降，或者预期这种下降趋势非暂时性下跌，即可认定该项可供出售金融资产发生了减值。

可供出售金融资产发生减值时，应确认减值损失。发生减值时，原直接计入所有者权益中的因公允价值下降形成的累计损失，应予以转出，计入资产减值损失。可供出售金融资产发生减值后，如果该金融资产是可供出售债务工具投资，利息收入要继续确认，应当按照确定减值损失时对未来现金流量进行折现采用的折现率作为利率计算确认。

对于已确认减值损失的可供出售债务工具，在随后的会计期间公允价值已上升，且客观上与原减值损失确认后发生的事项有关的，原确认的减值损失应当予以转回，计入当期损益；可供出售权益工具发生的减值损失，不得通过损益转回（通过其他综合收益转回）。

1. 可供出售金融资产发生减值时

发生减值条件的判断：公允价值发生严重下跌且是非暂时性的下跌，计提减值的会计分录为：

借：资产减值损失

贷：其他综合收益（原计入的累计损失）

可供出售金融资产——公允价值变动（公允价值与原账面余额的差额）

2. 已确认减值损失可供出售金融资产公允价值上升时

（1）如果是可供出售债务工具，公允价值上升

对于已确认减值损失的可供出售债务工具，在随后的会计期间公允价值已上升，可作相反的转回，即可以计入当期损益。会计分录如下：

借：可供出售金融资产——公允价值变动

贷：资产减值损失

（2）可供出售权益工具

可供出售权益工具，在随后会计期间公允价值回升，不得通过损益转回，而是转回资本公积。会计分录如下：

借：可供出售金融资产——公允价值变动

贷：其他综合收益

第三章　负债及所有者权益

第一节　流动负债

一、流动负债概述

（一）流动负债及其确认

流动负债是指将在一年或者超过一年的一个营业周期内偿还的债务，包括短期借款、应付票据、应付账款、预收账款、应付职工薪酬、应交税费、应付利息、其他应付款等。

负债满足下列条件之一的，应当确认为流动负债：①预计在一个正常营业周期内清偿的；②主要为交易目的而持有的；③自资产负债表日起一年内到期应予以清偿的；④企业无权自主地将清偿推迟至资产负债表日后一年以上的。

（二）流动负债的分类

1. 按照形成的原因分类

负债按照形成的原因分类，一般可分为：①融资活动形成的流动负债，如短期借款及应付利息；②企业外部结算过程中形成的流动负债，如应付账款、应付票据、预收账款、应交税费等；③企业内部形成的流动负债，如应付职工薪酬等；④利润分配过程中形成的流动负债，如应付股利。

2. 按照偿付手段分类

流动负债按照偿付手段进行分类，可分为货币性流动负债和非货币性流动负债。

①货币性流动负债，是指需要以货币性流动资金来偿还的流动负债，包括短期借款、应付票据、应付股利、应付利息、应交税费等。

②非货币性流动负债，是指不需要以货币性流动资金来偿还的流动负债，主要指一般需要以商品或者劳务来偿还的预收账款，以非货币性资产支付的应付职工薪酬，债务重组中以非货币性资产抵偿的应付账款等。

二、短期借款

（一）短期借款的确认

短期借款是指企业向银行或其他金融机构借入的、偿还期限在一年以内（含一年）的各种借款。企业取得短期借款主要是为了满足日常生产经营需要。

（二）短期借款的核算

短期借款主要的核算内容包括短期借款的取得、短期借款利息费用的确认、短期借款的偿还。

1. 短期借款的取得

企业从银行或其他金融机构借入短期借款时，按照取得的借款金额，借记"银行存款"科目，贷记"短期借款"科目。

2. 短期借款利息费用的确认

企业取得短期借款而发生的利息费用，一般应作为财务费用处理。银行一般按每季度末结算借款利息，按照权责发生制的要求，企业应在每个月末计提短期借款利息，借记"财务费用"科目，贷记"应付利息"科目。实际支付利息时，借记"应付利息"科目，贷记"银行存款"科目。

3. 短期借款的偿还

企业在短期借款到期偿还借款本金时，应借记"短期借款"科目，贷记"银行存款"科目。

三、应付账款、应付票据和预收账款

（一）应付账款

1. 应付账款概述

应付账款是企业在购买材料、商品或接受劳务等经营过程中应付供应单位的款项。应付账款应当于收到相关发票时按照发票账单注明的价款入账，入账价值包括购买材料、商品或接受劳务时应向销货方或劳务提供方支付的合同或协议价款、增值税进项税额、购买材料或商品时应负担的运杂费和包装费等。

2. 应付账款的核算

为了反映企业因购买材料、商品和接受劳务供应等经营活动应支付款项的结算情况，企业应设置"应付账款"科目。该科目贷方登记企业确认的应付账款入账金额，借方登记偿付的应付账款，期末余额在贷方表示尚未支付的应付账款。该科目应按债权人设置明细账，进行明细核算。应付账款主要的核算内容如下。

（1）发生应付账款

企业购入材料、商品等验收入库，但货款尚未支付，根据有关凭证，借记"材料采购""库存商品"等科目，按可抵扣的增值税额，借记"应交税费——应交增值税（进项税额）"科目，按应付的款项，贷记"应付账款"科目。

企业接受供应单位劳务而发生的应付款项，根据相关的发票账单，借记"生产成本""管理费用"等科目，贷记"应付账款"科目。

（2）偿还应付账款

实际支付相关款项时，借记"应付账款"科目，贷记"银行存款"等科目。

（3）转销应付账款

企业转销无法支付的应付账款，应按其账面余额，借记"应付账款"科目，贷记"营业外收入"科目。

（二）应付票据

1. 应付票据概述

应付票据是指企业因购买材料、商品或者接受劳务采用商业汇票结算方式而形成的应付票据，包括银行承兑汇票和商业承兑汇票。在我国，商业汇票的付款期限最长不超过6个月，应付票据属于流动负债。

2. 应付票据的核算

为了核算因购买材料、商品和接受劳务供应开出、承兑的商业汇票的结算情况，企业应设置"应付票据"科目。该科目贷方登记企业开出、承兑商业汇票以及年末计提的带息票据利息等，借方登记商业汇票到期企业支付的票据款等，期末余额在贷方，表示尚未到期的商业汇票的金额。该科目应按债权人设置明细账，进行明细核算。应付票据主要的核算内容如下。

（1）发生应付票据

①企业开出、承兑商业汇票，应按商业汇票的票面价值，借记"原材料""材料采购""库存商品"等科目，按照进项税额，借记"应交税费——应交增值税（进项税额）"科目，贷记"应付票据"科目。

②企业开出、承兑商业汇票，以承兑商业汇票抵付前欠的应付账款时，按照应付账款的金额，借记"应付账款"科目，贷记"应付票据"科目。

③企业支付银行承兑汇票手续费时，按照支付的金额，借记"财务费用"科目，贷记"银行存款"科目。

（2）应付票据利息

应付票据分为带息商业汇票和不带息商业汇票两种。带息商业汇票的利息费用的计提，一般有三种方法。

一是按期计提法，这种方法适用于票面价值较大、利息费用较多的商业汇票利息费用的核算。采用这种方法，应于每月月末计算其应付的商业汇票利息费用，借记"财务费用"科目，贷记"应付利息"科目。

二是到期实际支付法。这种方法适用于票面价值较小、利息费用较少且签发日与到期日在同一个会计年度的商业汇票利息费用的核算。采用该方法是在汇票到期日一次计算确认全部利息费用，借记"财务费用"科目，贷记"银行存款"

科目。

三是年末及到期计提法，这种方法适用于票面价值不大、利息费用较少，但签发日与到期日不在同一个会计年度的商业汇票利息费用的核算。采用这种方法，每月月末不需要计提利息费用，应在年末计提当年的利息费用，借记"财务费用"科目，贷记"应付票据"科目；在商业汇票到期日再计算确认其余利息费用，借记"财务费用"科目，贷记"银行存款"科目。

（3）应付票据到期

商业汇票到期，支付不带息的票据款时，应借记"应付票据"科目，贷记"银行存款"科目。支付带息的票据款时，应按商业汇票账面价值或票面价值加上年末已计提的利息，借记"应付票据"科目，按尚未计提的应计利息，借记"财务费用"科目，按实际支付的票据款，贷记"银行存款"科目。

（4）应付票据转销

商业汇票到期时，如果企业无力支付票据款，而商业汇票已经失效，则应根据所承兑的商业汇票做不同的处理。

第一种，采用商业承兑汇票结算，如果是不带息的商业汇票，企业应按票面价值，借记"应付票据"科目，贷记"应付账款"科目。如果是带息的商业汇票，企业应借记"应付票据""财务费用"科目，贷记"应付账款"科目。

第二种，采用银行承兑汇票结算，如果是不带息的商业汇票，企业应按票面价值，借记"应付票据"科目，贷记"短期借款"科目。如果是带息的商业汇票，企业应借记"应付票据""财务费用"科目，贷记"短期借款"科目。企业支付的罚息，应计入财务费用。

（三）预收账款

1. 预收账款概述

预收账款是指企业按照合同规定向购货单位预收的款项。

2. 预收账款的核算

企业可以设置"预收账款"科目。该科目贷方登记预收的款项和购货单位补付的款项，借方登记企业向购货方发货后冲销的预收账款金额以及退回购货单位多付的款项。该科目余额一般在贷方，表示企业预收的款项，期末如为借方余额，则表示企业尚未转销的款项。该科目应按购货单位设置明细账，进行明细核算。

（1）预收账款的处理

企业因销售商品或提供劳务按照合同规定向购货单位或接受劳务单位预收款项时，借记"银行存款"，贷记"预收账款""应交税费——应交增值税（销项税额）"。

（2）分期确认有关收入时的处理

分期确认有关收入时，借记"预收账款"科目，贷记"主营业务收入""其他业务收入"科目。

（3）收到剩余价款或退回多余价款的处理

如果预收账款金额不足则购物单位应补付不足的金额，收到时借记"银行存款"科目，贷记"预收账款"科目；退回多余价款时借记"预收账款"科目，贷记"银行存款"科目。

四、应付职工薪酬

（一）职工薪酬的内容

职工薪酬是指企业为获得职工提供的服务或解除劳动关系而给予的各种形式的报酬或补偿。企业提供给职工配偶、子女、受赡养人、已故员工遗属及其他受益人等的福利，也属于职工薪酬。职工薪酬主要包括短期薪酬、离职后福利、辞退福利和其他长期职工福利。

1. 短期薪酬

短期薪酬是指企业预期在职工提供相关服务的年度报告期间结束后12个月内将全部予以支付的职工薪酬，因解除与职工的劳动关系给予的补偿除外。短期薪酬主要包括以下八项：

①职工工资、奖金、津贴和补贴，是指企业按照构成工资总额的计时工资、计件工资、支付给职工的超额劳动报酬，为了补偿职工特殊或额外的劳动消耗和因其他特殊原因支付给职工的津贴，以及为了保证职工工资水平不受物价影响支

付给职工的物价补贴等。

②职工福利费，是指企业向职工提供的生活困难补助、丧葬补助费、抚恤费、职工异地安家费、防暑降温费等职工福利支出。

③社会保险费，是指企业按照国家规定的基准和比例计算，向社会保险经办机构缴存的医疗保险费、工伤保险费和生育保险费。

④住房公积金，是指企业按照国家规定的基准和比例计算，向住房公积金管理机构缴存的住房公积金。

⑤工会经费和职工教育经费，是指企业为了改善职工文化生活、为职工学习先进技术和提高文化水平和业务素质，用于开展工会活动和职工教育及职业技能培训等相关支出。

⑥短期带薪缺勤，是指职工虽然缺勤但企业仍向其支付报酬的安排，包括年休假、病假、婚假、产假、丧假、探亲假等。长期带薪缺勤属于其他长期职工福利。

⑦短期利润分享计划，是指因职工提供服务而与职工达成的基于利润或其他经营成果提供薪酬的协议。长期利润分享计划属于其他长期职工福利。

⑧其他短期薪酬，是指除上述薪酬以外的其他为获得职工提供的服务而给予的短期薪酬。

2. 离职后福利

离职后福利是指企业为获得职工提供的服务而在职工退休或与企业解除劳动关系后，提供的各种形式的报酬和福利，属于短期薪酬和辞退福利的除外。离职后福利计划，是指企业与职工就离职后福利达成的协议，或者企业为向职工提供离职后福利制定的规章或办法等。离职后福利计划按照企业承担的风险和义务情况，可以分为设定提存计划和设定受益计划。

3. 辞退福利

辞退福利是指企业在职工劳动合同到期之前解除与职工的劳动关系，或者为鼓励职工自愿接受裁减而给予职工的补偿。

4. 其他长期职工福利

其他长期职工福利是指除短期薪酬、离职后福利、辞退福利之外所有的职工薪酬，包括长期带薪缺勤、长期残疾福利、长期利润分享计划等。

（二）应付职工薪酬的核算

为了核算职工薪酬的发生和支付情况，企业应设置"应付职工薪酬"科目。该科目贷方登记应付的职工薪酬，借方登记发放的职工薪酬，期末余额在贷方表示企业应付未付的职工薪酬。该科目可按"工资""职工福利""医疗保险费""住房公积金""工会经费""职工教育经费""非货币性福利""辞退福利""利润分享计划""设定提存计划""设定受益计划"等设置明细科目，进行明细核算。

1. 货币型职工薪酬

（1）工资、奖金、津贴和补贴

企业发生的职工工资、津贴和补贴等短期薪酬，应当根据职工提供服务情况和工资标准等计算应计入职工薪酬的工资总额，并按照受益对象计入当期损益或相关资产成本，借记"生产成本""制造费用""管理费用""销售费用"等科目，贷记"应付职工薪酬——工资"科目。发放职工工资、津贴和补贴等短期薪酬时，借记"应付职工薪酬——工资"科目，贷记"银行存款"等科目。

（2）职工福利费

企业发生的职工福利费，应当在实际发生时根据实际发生额计入当期损益或相关资产成本。

（3）社会保险费和住房公积金

社会保险费和住房公积金是由职工和企业共同负担的。

由企业负担的社会保险费和住房公积金，应当在职工为其提供服务的会计期间，根据规定的计提基础和计提比例，借记"生产成本""制造费用""管理费用""销售费用"等科目，贷记"应付职工薪酬——社会保险费""应付职工薪酬——住房公积金"等科目。

应由职工个人负担的社会保险费和住房公积金，属于职工工资的组成部分，应根据职工工资的一定比例计算，并在职工工资中扣除，借记"应付职工薪酬——工资"科目，贷记"其他应付款"科目。

企业缴纳医疗保险费、工伤保险费、生育保险费等社会保险费和住房公积金时，根据职工负担部分，借记"其他应付款"科目，根据企业负担部分，借记"应付职工薪酬"科目及其相关的明细科目，根据缴纳的总金额，贷记"银行存款"科目。

（4）工会经费和职工教育经费

企业按规定提取的工会经费和职工教育经费，应当在职工为其提供服务的会计期间，企业根据规定的计提基础和计提比例计算确定相应的职工薪酬金额，借记"生产成本""制造费用""管理费用""销售费用"等科目，贷记"应付职工薪酬——工会经费""应付职工薪酬——职工教育经费"科目。

企业划拨工会经费时，应借记"应付职工薪酬——工会经费"科目，贷记"银行存款"科目。企业支付职工教育经费时，应借记"应付职工薪酬——职工教育经费"科目，贷记"银行存款"等科目。

（5）短期带薪缺勤

带薪缺勤应当根据其性质及其职工享有的权利，分为累积带薪缺勤和非累积带薪缺勤两类。如果带薪缺勤属于长期带薪缺勤的，企业应当作为其他长期职工福利处理。

①累积带薪缺勤，是指带薪权利可以结转到下期的带薪缺勤，本期尚未用完的带薪缺勤权利可以在未来期间使用。企业应当在职工提供了服务从而增加了其未来享有的带薪缺勤权利时，确认与累积带薪缺勤相关的职工薪酬，并以累积未行使权利而增加的预期支付金额计量。

②非累积带薪缺勤，是指带薪权利不能结转到下期的带薪缺勤，本期尚未用完的带薪缺勤权利将被取消，并且职工离开企业时也无权获得现金支付。我国企业职工休婚假、产假、丧假、探亲假、病假期间的工资通常属于非累积带薪缺勤。企业应当在职工实际发生缺勤的会计期间确认与非累积带薪缺勤相关的职工薪酬。企业确认职工享有的与非累积带薪缺勤权利相关的薪酬，视同职工出勤确认的当期损益或相关资产成本。

2. 非货币型职工薪酬

（1）以自产产品发放给职工作为福利

如企业以自产的产品作为非货币性福利提供给职工的，应当按照该产品的公允价值和相关税费确定职工薪酬金额，并计入当期损益或相关资产成本。相关收入的确认、销售成本的结转以及相关税费的处理，与企业正常商品销售的会计处理相同。

（2）以外购商品发放给职工作为福利

企业以外购的商品作为非货币性福利提供给职工的，应当按照该商品的公允价值和相关税费确定职工薪酬的金额，并计入当期损益或相关资产成本。

（3）将自有的房屋等固定资产无偿提供给职工使用作为福利

公司将自有房屋等资产无偿提供给职工使用的，应根据受益对象，将住房每期应计提的折旧计入相关资产成本或当期损益，同时确认应付职工薪酬。

（4）将租赁的房屋等资产无偿提供给职工使用作为福利

将租赁住房等资产供职工无偿使用，应根据受益对象，将每期应付租金计入相关资产成本或当期损益，并确认应付职工薪酬。

3. 应付离职后福利的核算

离职后福利计划分为设定提存计划和设定受益计划两种。企业应在"应付职工薪酬"科目下设置"设定提存计划""设定受益计划"明细科目。设定提存计划，是指向独立的基金缴存固定费用后，企业不再承担进一步支付义务的离职后福利计划。借记"生产成本""制造费用""管理费用""销售费用"等科目，贷记"应付职工薪酬——设定提存计划"科目。当企业向单独主体缴存提存金时，借记"应付职工薪酬——设定提存计划"科目，贷记"银行存款"科目。设定受益计划是指除设定提存计划以外的离职后福利计划。

4. 应付辞退福利的核算

为了反映辞退福利的提取和支付情况，企业应在"应付职工薪酬"科目下设置"辞退福利"明细科目，进行明细核算。由于被辞退职工不再能给企业带来任何经济利益，短期辞退福利应当计入当期费用而不计相关资产成本。企业应当根据已确定的解除劳动关系计划或自愿裁减建议确定的金额，借记"管理费用"科目，贷记"应付职工薪酬——辞退福利"科目。企业实际支付辞退福利时，应借记"应付职工薪酬——辞退福利"科目，贷记"银行存款"等科目。

5. 应付其他长期职工福利的核算

企业向职工提供的其他长期职工福利，符合设定提存计划条件的，应当按照设定提存计划的有关规定进行会计处理，符合设定受益计划的，应当按照设定受益计划的有关规定进行会计处理。

五、应交税费

（一）应交税费概述

应交税费是指企业在经营过程中根据税法的规定应向税务机关缴纳的各种税费。应交税费包括应交的增值税、消费税、所得税、城市维护建设税、土地增值税、房产税、车船使用税、资源税、教育费附加、矿产资源补偿费等。

为了核算企业按照税法规定计算应缴纳的各种税费，企业应设置"应交税费"科目进行核算，企业代扣代缴的个人所得税也通过该科目核算。该科目贷方登记计算确定应交税费数额，借方登记实际缴纳税费的金额，期末贷方余额表示企业尚未缴纳的税费，期末借方余额反映企业多缴或尚未抵扣的税金。该科目应按照应交税费的项目设置明细账，进行明细核算。

（二）应交增值税

1. 增值税概述

增值税是以商品（含应税劳务和应税行为）在流转过程中产生的增值额为计税依据而征收的一种流转税。

增值税是对在我国境内销售货物或提供加工、修理修配劳务（应税劳务）、销售服务、无形资产或者不动产（应税行为）以及进口货物的单位和个人，就其货物销售或者提供应税劳务、应税行为的增值额以及进口货物的金额为计税依据而课征的一种流转税。根据经营规模大小以及会计核算水平的健全程度不同，增值税纳税人分为一般纳税人和小规模纳税人，增值税计税办法分为一般计税方法和简易计税方法。

（1）一般纳税人税率

一般纳税人是指年应税销售额超过财政部、国家税务总局规定的相应标准的增值税纳税人。一般纳税人的增值税税率分为13%、9%、6%和零税率。

①13%税率适用范围：增值税一般纳税人销售或者进口货物；提供加工修

理修配劳务；提供有形动产租赁服务，包括有形动产融资租赁和有形动产经营性租赁。

②9%税率适用范围：一般纳税人销售进口粮食等农产品、食用植物油、自来水、暖气、冷气、热水、煤气、石油液化气、天然气、沼气、居民用煤炭制品、图书、报纸、杂志、饲料、化肥、农药、农机、农膜以及国务院规定的其他货物；提供交通运输、邮政、基础电信、建筑、不动产租赁服务，销售不动产，转让土地使用权。

③6%税率适用范围：提供现代服务（除租赁服务以外）、增值电信业务、金融服务、生活服务以及销售无形资产（除土地使用权以外）。

④增值税一般纳税人出口货物，税率为0。国务院另有规定的除外。

（2）一般纳税人的计税方法

一般纳税人提供应税服务适用一般计税方法计税。一般计税方法的应纳税额，是指当期销项税额抵扣当期进项税额后的余额。计算公式如下：

应纳税额=当期销项税额－当期进项税额。

销项税额是指纳税人提供应税服务按照销售额和增值税税率计算的增值税额。其计算方法为：

销项税额=销售额×税率

2. 增值税的会计科目设置

增值税一般纳税人应当在"应交税费"科目下设置"应交增值税""未交增值税""预交增值税""待抵扣进项税额""待认证进项税额""待转销项税额""简易计税""转让金融商品应交增值税""代扣代交增值税"等明细科目。小规模纳税人只需在"应交税费"科目下设置"应交增值税"明细科目即可。

（1）"应交增值税"明细科目

增值税一般纳税人应在"应交增值税"明细账内设置"进项税额""销项税额抵减""已交税金""转出未交增值税""减免税款""出口抵减内销产品应纳税额""销项税额""出口退税""进项税额转出""转出多交增值税"等专栏。

（2）"未交增值税"明细科目

"未交增值税"明细科目，核算一般纳税人月度终了从"应交增值税"或"预交增值税"明细科目转入当月应交未交、多交或预交的增值税额，以及当月缴纳以前期间未交的增值税额。

（3）"预交增值税"明细科目

"预交增值税"明细科目，核算一般纳税人转让不动产、提供不动产经营租赁服务、提供建筑服务、采用预收款方式销售自行开发的房地产项目等，以及其他按现行增值税制度规定应预缴的增值税额。

（4）"待抵扣进项税额"明细科目

"待抵扣进项税额"明细科目，核算一般纳税人已取得增值税扣税凭证并经税务机关认证，按照现行增值税制度规定准予以后期间从销项税额中抵扣的进项税额。

（5）"待认证进项税额"明细科目

"待认证进项税额"明细科目，核算一般纳税人由于未经税务机关认证而不得从当期销项税额中抵扣的进项税额。

（6）"待转销项税额"明细科目

"待转销项税额"明细科目，核算一般纳税人销售货物、加工修理修配劳务、服务、无形资产或不动产，已确认相关收入（或利得）但尚未发生增值税纳税义务而需在以后期间确认为销项税额的增值税额。

（7）"简易计税"明细科目

"简易计税"明细科目，核算一般纳税人采用简易计税方法发生的增值税计提、扣减、预缴、缴纳等业务。

（8）"转让金融商品应交增值税"明细科目

"转让金融商品应交增值税"明细科目，核算增值税纳税人转让金融商品发生的增值税额。

（9）"代扣代缴增值税"明细科目

"代扣代缴增值税"明细科目，核算纳税人购进在境内未设经营机构的境外单位或个人在境内的应税行为代扣代缴的增值税。

3. 一般纳税人增值税的会计核算

（1）取得资产或接受劳务等业务的账务处理（进项税额的核算）

按照税法规定，企业购入货物或接受劳务支付的增值税（进项税额）可以从销售货物或提供劳务按规定收取的增值税额（销项税额）中扣除。必须以合法的扣税凭证为依据，下列进项税额准予从销项税额中抵扣：

①从销售方取得的增值税专用发票上注明的增值税额。

②从海关取得的海关进口增值税专用缴款书上注明的增值税额。

③购进农产品，除取得增值税专用发票或者海关进口增值税专用缴款书外，按照农产品收购发票或者销售发票上注明的农产品买价和9%的扣除率计算的进项税额。

④接受境外单位或者个人提供的应税服务，从税务机关或者境内代理人取得的解缴税款的完税凭证上注明的增值税额。

一般纳税人购进货物、加工修理修配劳务、服务、无形资产或不动产，按应计入相关成本费用或资产的金额，借记"材料采购""在途物资"或"原材料""库存商品""生产成本""无形资产""固定资产""管理费用"等科目，按当月已认证的可抵扣增值税额，借记"应交税费——应交增值税（进项税额）"科目，按应付或实际支付的金额，贷记"应付账款""应付票据""银行存款"等科目。

（2）销售业务的账务处理（销项税额的核算）

企业销售货物、加工修理修配劳务、服务、无形资产或不动产，应当按应收或已收的金额，借记"应收账款""应收票据""银行存款"等科目，按取得的收入金额，贷记"主营业务收入""其他业务收入""固定资产清理"等科目，贷记"应交税费——应交增值税（销项税额）"。

（3）视同销售的账务处理

企业发生税法上视同销售的行为，应当按照企业会计准则制度相关规定进行相应的会计处理，并按照现行增值税制度规定计算的销项税额（或采用简易计税方法计算的应纳增值税额），借记"应付职工薪酬""利润分配"等科目，贷记"应交税费——应交增值税（销项税额）"。具体包括以下四种情况：①将自产、委托加工的货物用于集体福利或者个人消费；②将自产、委托加工或者购进的货物作为投资；③将自产、委托加工或者购进的货物分配给股东或者投资者；④将自产、委托加工或者购进的货物赠送给其他单位或者个人。

（4）进项税额转出的会计处理

企业购进货物、加工修理修配劳务、服务、无形资产或不动产发生非正常损失；用于集体福利或个人消费的购进货物、加工修理修配劳务、服务、无形资产或不动产，以及因其他原因按现行增值税制度规定不得从销项税额中抵扣的进项税额，按规定转出。应借记"待处理财产损溢""应付职工薪酬""固定资产""无形资产"等科目，贷记"库存商品""原材料""应交税费——应交增值税（进项税额转出）"等科目。

（5）交纳增值税的会计处理

①交纳当月应交增值税的账务处理。企业交纳当月应交的增值税，借记"应交税费——应交增值税（已交税金）"科目，贷记"银行存款"科目。②交纳以前期间未交增值税的账务处理。企业交纳以前期间未交的增值税，借记"应交税费——未交增值税"科目，贷记"银行存款"科目。③预缴增值税的账务处理。企业预缴增值税时，借记"应交税费——预交增值税"科目，贷记"银行存款"科目。月末，企业应将"预交增值税"明细科目余额转入"未交增值税"明细科目，借记"应交税费——未交增值税"科目，贷记"应交税费——预交增值税"科目。

（6）月末转出多交增值税和未交增值税的账务处理

月度终了，企业应当将当月应交未交或多交的增值税自"应交增值税"明细科目转入"未交增值税"明细科目。对于当月应交未交的增值税，应借记"应交税费——应交增值税（转出未交增值税）"科目，贷记"应交税费——未交增值税"科目；对于当月多交的增值税，应借记"应交税费——未交增值税"科目，贷记"应交税费——应交增值税（转出多交增值税）"科目。

4. 小规模纳税人增值税的会计核算

小规模纳税人是指年应税销售额在规定标准以下，会计核算不健全，不能按规定报送有关纳税资料的增值税纳税人。

小规模纳税人提供应税服务适用简易计税方法计税。简易计税方法的应纳税额是指按照销售额和增值税征收率计算的增值税额，不得抵扣进项税额。小规模纳税征收率是3%，特殊行业是5%。

当期应纳增值税＝当期销售额×征收率

小规模纳税人购买物资、服务、无形资产或不动产，取得增值税专用发票上注明的增值税应计入相关成本费用或资产，小规模纳税人应贷记"应交税费——应交增值税"科目。

（三）应交消费税

消费税是对在我国境内生产、委托加工和进口应税消费品的单位和个人征收的一种流转税。在我国境内生产、委托加工和进口应征消费税的消费品的单位和个人，为消费税的纳税义务人。国家对某些消费品除征收增值税外，还征收消费税。征收消费税的消费品包括烟、酒及酒精、化妆品、护发护肤品、贵重首饰及珠宝玉石、鞭炮和烟火、汽油、柴油、汽车轮胎、摩托车、小汽车等。

1.消费税的征收办法

消费税的计算采取从价定率、从量定额、从价定率和从量定额复合计税三种征收方法。

（1）实行从价定率征收的应税消费品

应纳税额=销售额×比例税率

式中，销售额是指不含增值税的销售额，对于含增值税的销售额，应换算为不含增值税的销售额。

不含增值税的销售额=含增值税的销售额÷（1+增值税税率或征收率）

（2）实行从量定额征收的应税消费品

应纳税额=销售数量×定额税率

（3）从价定率和从量定额复合计税

应纳税额=销售额×比例税率+销售数量×定额税率

例如，卷烟、白酒采用混合计算办法，即既从量定额征收，又从价定率征收。

2.应交消费税的核算

按规定需要缴纳消费税的企业，应在"应交税费"科目下增设"应交消费税"明细科目进行核算。该科目贷方登记按规定应缴纳的消费税额，借方登记实际缴纳的消费税或待抵扣的消费税额，期末余额在贷方表示尚未缴纳的消费税，期末余额在借方表示多交或待抵扣的消费税。

（1）销售应税消费品

企业销售应税消费品时，按应交消费税额，借记"税金及附加"科目，贷记"应交税费——应交消费税"科目。

(2) 自产自用应税消费品

企业将自产的应税消费品用于对外投资、对外捐赠或用于非货币性资产交换等，按税法规定仍需缴纳消费税。按应交消费税额计入有关成本。

(3) 委托加工的应税消费品

委托加工的应税消费品，一般由受托方向委托方交货时代扣代缴消费税。委托方所纳消费税款，根据委托加工收回后的应税消费品用途不同分为两种情况。

①委托方收回后用于连续生产应税消费品，按规定准予抵扣的。委托方按应支付的加工费，借记"委托加工物资"科目；应按已由受托方代收代缴的消费税，借记"应交税费——应交消费税"科目，贷记"应付账款""银行存款"等科目。待用委托加工的应税消费品生产出应纳消费税的产品销售时，再交纳消费税。

②委托方收回后直接用于销售，其所纳消费税额计入委托加工的应税消费品的成本，借记"委托加工物资"科目，贷记"银行存款"等科目。在应税消费品销售时，不再缴纳消费税。

企业实际缴纳消费税时，应借记"应交税费——应交消费税"科目，贷记"银行存款"等科目。

(4) 进口应税消费品

一般纳税企业在进口应税消费品时应交的消费税，计入该项物资的成本。借记"材料采购""固定资产"科目，贷记"银行存款"科目。

（四）应交所得税

所得税是国家对企业的生产经营所得和其他所得征收的税种。

所得税的应纳税额是根据应纳税所得额和所得税税率计算的，其计算公式为：

应纳所得税额＝应纳税所得额×所得税税率

企业应在"应交税费"科目下设置"应交所得税"明细科目，用来核算企业所得税的应交、已交和期末未交数。企业按照每一期确定的应交所得税金额，借记"所得税费用"科目，贷记"应交税费——应交所得税"科目；按照实际缴纳的所得税额，借记"应交税费——应交所得税"科目，贷记"银行存款"等科目。

（五）应缴其他税种

其他税种包括资源税、城市维护建设税、教育费附加、城镇土地增值税、房产税、土地使用税、车船使用税等。

1. 应交资源税

资源税是对我国境内开采应税矿产品以及生产盐的单位和个人，就其因自然资源和开采的条件而形成的级差收入征收的税种。其计算公式为：

应纳税额=课税数量×单位税额

按规定需要缴纳资源税的企业，应在"应交税费"科目下增设"应交资源税"明细科目进行核算。该科目用来核算资源税的应交、已交和期末未交数。贷方登记按规定应缴纳的资源税额，借方登记实际缴纳的资源税或允许抵扣的资源税额，期末余额在贷方表示尚未缴纳的资源税。

2. 应交城市维护建设税与教育费附加

（1）城市维护建设税

城市维护建设税是一种附加税，是按照企业应交纳的流转税（应交增值税、消费税）的一定比例计算的。

企业按规定计算应交的城市维护建设税额，借记"税金及附加"科目，贷记"应交税费——应交城市维护建设税"科目。实际缴纳时，按照缴纳的金额，借记"应交税费——应交城市维护建设税"科目，贷记"银行存款"等科目。

（2）教育费附加

教育费附加是按照企业应交纳的流转税（应交增值税、消费税）的一定比例计算的。

企业按规定计算应交的教育费附加的金额，借记"税金及附加"科目，贷记"应交税费——应交教育费附加"科目。实际缴纳时，按照缴纳的金额，借记"应交税费——应交教育费附加"科目，贷记"银行存款"等科目。

3. 应交土地增值税

土地增值税是对有偿转让国有土地使用权、地上建筑物及其附着物的单位和个人，就其转让房地产所取得的增值额而征收的税种。

土地使用权与地上建筑物及其附着物是一并在"固定资产"等科目核算的，企业转让土地使用权应交的土地增值税，应借记"固定资产清理"等科目，贷记"应交税费——应交土地增值税"科目。土地使用权在"无形资产"科目核算的，按实际收到的金额，借记"银行存款"科目，按应交的土地增值税，贷记"应交税费——应交土地增值税"科目，同时冲销土地使用权的账面价值，贷记"无形资产"科目，按其差额，借记或贷记"资产处置损益"科目。实际缴纳土地增值税时，借记"应交税费——应交土地增值税"科目，贷记"银行存款"等科目。

4.应交房产税、城镇土地使用税、车船使用税

房产税是对我国境内拥有房屋产权的单位和个人，按其房产价值或房产租金收入征收的税种。

城镇土地使用税是对我国境内拥有国有土地使用权的单位和个人，按其实际占用的土地面积征收的税种。

车船使用税是以车辆、船舶为课征对象，向车船的所有人或者管理人征收的一种税。

企业按规定计算应交的房产税、城镇土地使用税、车船使用税，借记"税金及附加"科目，贷记"应交税费"科目。实际缴纳时，借记"应交税费"科目，贷记"银行存款"等科目。

第二节　非流动负债

一、非流动负债概述

（一）非流动负债的概念和分类

非流动负债是流动负债以外的负债，通常指偿还期限在一年或超过一年的一个营业周期的债务，它是企业向债权人筹集的、可供企业长期使用的资金。例如，企业为购买大型设备而向银行借入的中长期贷款等。

非流动负债按筹措方式分类：长期借款、应付债券、长期应付款和专项应付款等。

非流动负债按偿还和付息方式分类：定期偿还的非流动负债和分期偿还的非流动负债。

（二）非流动负债的计量

非流动负债账面价值应是根据合同或约定在未来必须支付的本金和利息，按适当的折现率计算的折现值之和，即未来应付金额的现值。

因此，非流动负债通常情况下应当按其公允价值和相关交易费用之和作为初始入账金额，并同时确定该项负债的实际利率，公允价值应当以市场交易价格作为确定的基础。对于非流动负债通常采用摊余成本对其进行后续计量。

二、长期借款

（一）长期借款概述

1. 长期借款的性质

长期借款是指企业向银行或其他金融机构借入的、偿还期限在一年以上（不含一年）的各种借款。

相对于短期借款而言，长期借款的借款金额大，偿还期限长，与之相关的借款费用可能资本化，也可能费用化，所以需要以权责发生制为计价基础，正确核算与之相关的借款费用。

2. 长期借款的分类

（1）按用途分类

长期借款按其用途不同，可分为流动资产借款和非流动资产借款。流动资产借款是用于企业生产经营活动方面的借款，如工业企业生产产品向银行借入长期借款。非流动资产借款是指用于固定资产的购置、建造、技术改造以及无形资产研发等方面的借款。

（2）按偿还方式分类

长期借款按其偿还方式不同，可分为定期偿还和分期偿还。定期偿还是指在借款期限到期时一次偿还。分期偿还是指在借款期内分次偿还，包括分期付息到期还本、分期偿还定额本息、分期偿还定额本金。

（3）按币种不同分类

长期借款按其币种不同可分为人民币借款和外币借款。人民币借款是指借款为人民币或以人民币为基准计算的借款。外币借款是指借款为外币或以外币为基准计算的借款。

（二）长期借款的会计核算

企业应设置"长期借款"科目。贷方登记企业借入的本金，借方登记归还的本金，期末余额在贷方，表示企业尚未偿还的长期借款。由于取得借款时合同利率与实际利率不同，所以企业实际取得的借款数额不一定等于本金数额，如果合同利率低于实际利率，则实际取得的借款数额低于本金数额，借记"长期借款——利息调整"科目，如果合同利率高于实际利率，贷记"长期借款——利息调整"科目。该科目可按贷款单位和贷款种类，分为"本金""利息调整"等设置明细科目，进行明细核算。

1. 借入长期借款

企业借入长期借款，应按实际收到的金额，借记"银行存款"科目，按照借款本金，贷记"长期借款——本金"科目，如存在差额，借记或贷记"长期借款——利息调整"科目。

2. 确认借款利息费用

资产负债表日，按照摊余成本和实际利率确定的长期借款的利息费用，借记"在建工程""财务费用""研发支出"等科目，按借款本金和合同利率确定的应付未付利息，贷记"应付利息"科目，按照二者的差额，调整"长期借款——利息调整"科目。

实际利率与合同利率差异较小的，也可以采用合同利率计算确定利息费用。

企业在付息日实际支付利息时，按照本期应支付的利息金额，借记"应付利息"科目，贷记"银行存款"科目。

3.偿还长期借款

企业偿还长期借款时,应当按照偿还的长期借款本金金额,借记"长期借款——本金"科目,贷记"银行存款"科目。同时,存在利息调整余额的,借记或贷记"在建工程""制造费用""财务费用""研发支出"等科目,贷记或借记"长期借款——利息调整"科目。

三、应付债券

(一)应付债券核算内容及分类

应付债券核算企业发行的超过一年的债券,构成企业的一项长期负债。

根据票面利率和实际利率的不同,债券的发行方式包括平价发行、溢价发行与折价发行三种,具体分类方法见表3-1。

表3-1 债券的发行方式

票面利率与实际利率的关系	债券的发行方式	发行价和面值的关系
票面利率等于实际利率	平价发行	发行价等于面值
票面利率大于实际利率	溢价发行	发行价高于面值
票面利率小于实际利率	折价发行	发行价低于面值

(二)应付债券发行时的会计核算

1.债券发行价格的确定

债券作为一种有价证券,其主要内容包括债券面值、债券利率、付息日和到期日、偿还方式。

债券的发行价格由债券发行期间流出的现金流量的现值来确定,包括债券本金的现金流量现值和债券利息的现金流量现值两个部分。债券本金一般情况下于债券到期日一次性支付,因而其现金流量的现值表现为复利现值;而债券利息通常定期支付,因而其现金流量的现值表现为年金现值。

2.债券发行时的账务处理

企业发行债券时，按照发行债券的面值，贷记"应付债券——面值"科目；将二者的差额，借记或贷记"应付债券——利息调整"科目。

（三）一般应付债券的会计核算

1.账户设置

为了核算企业为筹集长期资金而发行的债券本金和利息，企业应设置"应付债券"科目。该科目贷方登记已发行债券的面值、发行债券的溢价以及分期摊销的折价，借方登记到期偿还债券的面值、发行债券的折价，以及分期摊销的溢价，期末贷方余额反映企业尚未偿还的长期债券摊余成本。该科目应按"面值""利息调整""应计利息"设置明细科目。

债券的利息费用按照债券的摊余成本和实际利率计算确定。应付债券的摊余成本，是指应付债券的初始确认金额（债券的发行价格减去发行费用的净额）经过下列调整后的结果：①扣除已偿还的本金；②加上或减去采用实际利率法将该初始确认金额与到期日金额之间的差额进行摊销形成的累计摊销额。

一般应付债券的核算主要包括的内容：发行债券取得资金；资产负债表日计提利息，确定债券利息费用；偿还利息和本金。

2.一般应付债券的核算

①企业发行债券，应按实际收到的金额（债券发行价格扣除发行费用后的差额），借记"银行存款"等科目，按债券票面金额，贷记"应付债券——面值"科目，两者之间存在差额的，借记或贷记"应付债券——利息调整"科目。

②资产负债表日，对于分期付息、一次还本的债券，按照应付债券的摊余成本和实际利率计算确定的债券利息费用，借记"在建工程""财务费用""研发支出"等科目，按债券面值和票面利率计算确定的应付未付利息，贷记"应付利息"科目，按其差额，借记或贷记"应付债券——利息调整"科目。

资产负债表日，对于一次还本付息的债券，按照应付债券摊余成本和实际利率计算确定的债券利息费用，借记"在建工程""财务费用""研发支出"等科目，按照应付债券面值和票面利率计算确定的应付未付利息，贷记"应付债券——应计利息"科目，按其差额，借记或贷记"应付债券——利息调整"科目。实际利率与票面利率差异较小的，也可以采用票面利率计算确定利息费用。

③应付债券偿还，对于分期付息、一次还本的债券，在每期支付利息时，借记"应付利息"科目，贷记"银行存款"科目；债券到期偿还债券本金及最后一期利息时，借记"应付债券——面值""在建工程"或"财务费用"等科目，贷记"银行存款"科目。对于一次还本付息的债券，应于债券到期支付本息时，借记"应付债券——本金""应付债券——应计利息"科目，贷记"银行存款"等科目。

四、长期应付款

（一）长期应付款的定义

长期应付款是指企业除长期借款和应付债券以外的其他各种长期应付款项，包括应付融资租入固定资产的租赁费，以分期付款方式购入固定资产、无形资产或存货等发生的应付款项等。

（二）长期应付款的核算

企业应设置"长期应付款"科目。该科目贷方登记长期应付款的增加额，借方登记长期应付款的减少额，期末余额在贷方，表示企业应付未付的长期应付款项。该科目应按照长期应付款的种类和债权人设置明细科目，进行明细核算。

1. 应付补偿贸易设备款

补偿贸易是从国外引进技术设备，再用该设备生产的产品归还设备价款。在进行会计核算时，一方面，引进设备的资产价值以及相应的负债，作为本企业的一项资产和一项负债；另一方面，用生产的产品归还设备款时，视同产品销售进行处理。

2. 融资租入固定资产应付款

企业采用融资租赁方式租入的固定资产，在租赁期开始日，承租人应按照计入租赁资产的入账金额（租赁开始日租赁资产公允价值与最低租赁付款额现值两者中较低者,加上初始直接费用),借记"在建工程"或"固定资产"科目,按最低租赁付款额,贷记"长期应付款"科目,按发生的初始直接费用,贷记"银行存款"等科目,按其差额,借记"未确认融资费用"科目。承租人按期支付的租金,借记"长期应付款"科目,贷记"银行存款"等科目。

3. 以分期付款方式购买资产的应付款项

企业如果在购买固定资产、无形资产或存货过程中,延期支付的购买价款超过正常信用条件,实质上具有融资性质。企业应当按照未来分期付款的现值借记"固定资产""无形资产""原材料"等科目;按照未来分期付款的总额贷记"长期应付款"科目;按照差额,借记"未确认融资费用"科目。企业按照合同约定的付款日分期支付价款时,借记"长期应付款"科目,贷记"银行存款"科目。

第三节 所有者权益

一、所有者权益概述

(一)所有者权益概念及性质

所有者权益是指企业资产扣除负债后由所有者享有的剩余权益。用会计恒等式表示为:

资产-负债=所有者权益

企业所有者和债权人均是企业资金供给者,因而所有者权益和负债二者均是对企业资产的要求权,但这二者间又有明显区别,主要表现在:

①权利不同。所有者有权行使或授权管理人员行使企业经营管理权;而债权人没有经营管理权。

②偿还期限不同。负债通常有约定的偿还期限;所有者权益是企业一项可长期使用的资金,只有在企业清算时才予以偿还。

③风险不同。债权人获取的利息一般是根据一定利率计算,是固定的金额,风险较小;所有者获利多少取决于企业盈利水平及分红政策等,风险较大。

④性质不同。负债是企业对债权人负担的经济责任,在清算时具有优先要求权;所有者权益则是所有者对剩余资产的要求权,优先性上位于债权人之后。

⑤责任不同。企业所有者对企业的债务和亏损负有无限或有限的责任;而债权人对企业的其他债务不发生关系,一般不承担企业的损失。

(二)公司制企业的特点及所有者权益的分类

对所有者权益的划分一般基于公司制企业,因此对于独资企业和合伙企业不作过多介绍。

1. 公司制企业的特点

公司制企业是指按照法律规定由法定人数以上的投资者出资建立、自主经营、自负盈亏、具有法人资格的经济组织。我国现有股份有限公司、有限责任公司两种形式。公司具有以下特点。

①公司是法律主体。公司一经核准就具有独立人格,以自己的名义对外开展业务。财产与债务不再视为股东个人财产和债务,股东只对净资产有要求权。

②公司以全部资产对公司债务承担有限责任。如果公司全部资产不足以承担公司债务,股东以其认购股份对公司承担有限责任,不必以个人财产清偿。

③公司是纳税主体。公司作为法人,要缴纳企业所得税。

④股东所持有的股份不可以撤回,但可以转让。股东在公司注册登记后,不可以撤资,但可以转让部分出资或全部出资。

2. 公司制企业所有者权益的分类

基于公司制企业的特点,其所有者权益应划分为实收资本(或股本)、其他权益工具、资本公积、其他综合收益和留存收益五部分。

①实收资本(或股本)。实收资本(或股本)是所有者投入企业的资本部分。在股份有限公司,构成企业注册资本的金额,称为股本;在非股份有限公司,构成企业注册资本的金额,称为实收资本。

②其他权益工具。企业发行的除普通股以外的,归类为权益工具的各种金融工具,包括归类为权益工具的优先股、永续债、认股权、可转换公司债券等金融工具。

③资本公积。资本公积是指企业收到的投资者超出其在企业注册资本（或股本）中所占份额的投资，包括资本溢价和股本溢价。

④其他综合收益。其他综合收益是指在企业经营活动中形成的未计入当期损益但归所有者所共有的利得损失。

⑤留存收益。留存收益是指所有者所共有的由利润转化而形成的所有者权益，主要包括法定盈余公积、任意盈余公积和未分配利润。

二、实收资本（或股本）

我国对设立公司实行注册资本制度，要求企业实收资本（或股本）与其注册资本一致。投资者投入的资本只有按投资者所占比例计算的部分，才能作为实收资本（或股本）；实际投入的资本超过实收资本（或股本）的部分，作为资本溢价（或股本溢价），单独核算，不包括在实收资本（或股本）核算范围。

股东可以用货币出资，也可以用实物、无形资产和股权等进行货币估价作价出资。对于资本投入的经济业务，有限责任公司应设置"实收资本"和"资本公积——资本溢价"科目，股份有限公司应设置"股本"和"资本公积——股本溢价"科目。

（一）实收资本（或股本）增加的会计处理

1. 所有者投入（有限责任公司）

（1）接受货币投资

当企业接受货币资金投资时，应当以实际收到的货币资金，借记"银行存款"等科目，贷记"实收资本"科目。

（2）接受实物投资

当企业接受原材料、固定资产等实物投资时，应当对实物进行评估，以评估确认的价值作为实收资本入账。

①接受原材料投资。企业应当根据原材料不含增值税的评估价值，借记"原材料"等科目；根据增值税额，借记"应交税费——应交增值税（进项税额）"科目；根据原材料全部评估价值，贷记"实收资本"科目。

②接受固定资产投资。如无特别说明，根据固定资产的全部估值计入投资应

借记"固定资产"等科目，根据增值税金额借记"应交税费——应交增值税（进项税额）"科目，根据机器设备的全部评估价值贷记"实收资本"科目。如果设备需要安装，则按照投入时机器设备的评估价值借记"在建工程"科目，根据增值税金额借记"应交税费——应交增值税（进项税额）"科目；根据全部估值贷记"实收资本"科目；根据安装费借记"在建工程"科目，贷记"银行存款"等科目。安装完工后，借记"固定资产"科目，贷记"在建工程"科目。

（3）接受无形资产投资

企业接受无形资产投资时，应根据无形资产含增值税的评估价值确认投资额，借记"无形资产""应交税费——应交增值税（进项税额）"科目，贷记"实收资本"科目。

（4）接受股权投资

当企业接受股权投资时，应当根据股权的评估价值确认投资额，借记"交易性金融资产"等科目，贷记"实收资本"科目，差额记入"资本公积——资本溢价"科目。

2. 发行股票股份有限公司

股份有限公司发行股票，可以按面值发行，也可以溢价发行，但不得折价发行。公司溢价发行股票，实际收到的款项大于股票面值的部分，应在"资本公积"科目下设置"股本溢价"二级科目进行核算。

股份有限公司在股票发行之前或发行过程中，可能会发生各项发行费用支出，如手续费和佣金等。在股份有限公司溢价发行股票的情况下，各项发行费支出减去发行股票冻结期间所产生的利息收入的差额，应先抵减溢价收入。溢价收入扣除发行费净支出后的余额，应作为"股本溢价"，计入"资本公积"科目。

（二）实收资本（或股本）减少的会计处理

企业减资的原因一般有两种：一是资本过剩；二是企业发生重大亏损而需要减少实收资本。企业因资本过剩而减少注册资本的，一般需要返还投资款。

1. 减资有限责任公司

有限责任公司减资处理比较简单，按法定程序报经批准减少注册资本时，借记"实收资本"科目，贷记"银行存款"等科目。

2. 回购本企业股票股份有限公司

股份有限公司由于采用发行股票的方式筹集股本，发还股款时，则要回购发行的股票，发行股票的价格与股票面值可能不同，回购股票的价格也可能与发行价格不同，会计处理较为复杂。

股份有限公司回购股票时，应按实际支付金额，借记"库存股"科目，贷记"银行存款"等科目。注销库存股时，应按股票面值和注销股数相乘计算的面值总额，借记"股本"科目，按注销库存股的账面余额，贷记"库存股"科目，按其差额，冲减股票发行时原记入资本公积——股本溢价部分，借记"资本公积——股本溢价"科目，回购价格超过上述冲减"股本"及"资本公积——股本溢价"科目的部分，应依次借记"盈余公积""利润分配——未分配利润"等科目；如果回购价低于回购股份对应的股本面值，将其差额增加股本溢价，按回购股份所对应股本面值，借记"股本"科目，按注销库存股账面余额，贷记"库存股"科目，按其差额，贷记"资本公积——股本溢价"科目。

三、资本公积

资本公积指的是企业净资产总额高于实收资本（或股本）总额的部分。资本公积科目分别按照"资本溢价"或"股本溢价""其他资本公积"科目进行明细核算。

（一）资本溢价

一般企业在创立时，出资者认缴的出资额全部记入"实收资本"科目。企业在初创时期，从投入资金到取得回报，需要经过企业筹建、试运营、开辟产品市场等过程，在这个过程中资本利润率很低且具有风险性。而当企业正常生产经营后，资本利润率要高于企业初创阶段，企业创办者为此付出了代价。因此，相同数量的投资，由于出资时间不同，其对企业的影响程度不同，给投资者带来的权利也不同，所以新加入的投资者要付出大于原有投资者的出资额，才能取得与原有投资者相同的投资比例。此外，原有投资者投入的资本在企业经营过程中实现利润的一部分，形成了留存收益，而留存收益属于投资者权益。新加入的投资者要享受这部分留存收益，也要求其付出大于原有投资者的投资额，才能取得与原有投资者相同的投资比例。新加入的投资者投入的资本中按其投资比例计算的出资额部分，应记入"实收资本"科目，大于部分记入"资本公积——资本溢价"科目。

（二）股本溢价

股份有限公司是以发行股票的方式筹集股本，股票是企业签发的证明股东按其所持股份享有权利和承担义务的书面证明。实收股本总额应与注册资本相等。因此，股份有限公司按面值发行股票，企业发行股票取得的收入，应全部记入"股本"科目；股份有限公司溢价发行股票，企业发行股票取得的收入，相当于股票面值部分记入"股本"科目，超出股票面值的溢价收入记入"资本公积——股本溢价"科目。此外，需要明确的是，委托证券商代理发行股票而支付的手续费、佣金等，应从溢价发行收入中扣除，企业应按扣除手续费、佣金后的数额记入"资本公积——股本溢价"科目。

（三）其他资本公积

其他资本公积是指除资本溢价（或股本溢价）项目以外形成的资本公积。

1. 以权益结算的股份支付

以权益结算的股份支付换取职工或其他方提供服务的，应在等待期内的每一个资产负债表日，按照授予日权益工具的公允价值计算确定的金额，借记"管理费用"科目，贷记"资本公积——其他资本公积"科目。

在行权日，应按实际行权的权益工具数量计算确定的金额，借记"资本公积——其他资本公积"科目，贷记"股本"和"资本公积——股本溢价"科目。

2. 采用权益法核算的长期股权投资

长期股权投资采用权益法核算的，在持股比例不变的情况下，被投资单位除净损益、其他综合收益以及利润分配以外的所有者权益的其他变动，投资方应按所持股权比例计算应享有的份额，调整长期股权投资的账面价值，同时记入资本公积（其他资本公积）。投资方在处置长期股权投资时，应当将原记入资本公积（其他资本公积）的相关金额转入投资收益。

（四）资本公积转增资本

按照《中华人民共和国公司法》的规定，法定公积金（资本公积和盈余公积）转增资本时，所留存的该项公积金不得少于转增前公司注册资本的25%。经股东大会或类似机构决议，用资本公积转增资本时，应借记"资本公积"科目，贷记"实收资本（或股本）"科目。

四、其他综合收益

其他综合收益是指企业根据会计准则规定未在当期损益中确认的各项利得和损失，包括以后会计期间不能重分类进损益的其他综合收益和以后会计期间满足规定条件时将重分类进损益的其他综合收益两类。

1. 以后会计期间不能重分类进损益的其他综合收益项目

①重新计量设定收益计划净负债或净资产导致的变动。

②按照权益法核算因被投资单位重新计量设定收益计划净负债或净资产变动导致的权益变动，投资企业按持股比例计算确认的该部分其他综合收益项目。

③以公允价值计量且其变动计入其他综合收益的金融资产（权益工具）公允价值变动及外汇利得和损失。

2. 以后会计期间满足规定条件时将重分类进损益的其他综合收益项目

①以公允价值计量且其变动计入其他综合收益的金融资产（债务工具）产生的其他综合收益。

②对金融资产重分类按规定可以将原计入其他综合收益的利得或损失转入当期损益的部分。

③采用权益法核算的长期股权投资，当被投资单位其他综合收益增加时，投资方按持股比例计算应享有的份额，借记"长期股权投资——其他综合收益"科目，贷记"其他综合收益"科目；处置采用权益法核算的长期股权投资时，按照可转损益的其他综合收益部分，借记"其他综合收益"科目，贷记"投资收益"科目，或者做相反分录。

④存货或自用房地产转换为投资性房地产，一般转换日公允价值大于账面价值。

如果是作为存货的房地产，按照公允价值借记"投资性房地产——成本"科目，贷记"开发产品"等科目，同时，转换日的公允价值大于账面价值的，按其差额，贷记"其他综合收益"科目。转换日的公允价值小于账面价值的，按其差额，借记"公允价值变动损益"科目，如果涉及存货跌价准备，借记"存货跌价准备"科目。

如果是自用房地产，按照转换日公允价值，借记"投资房地产——成本"科目，按固定资产原值，贷记"固定资产"科目，按以计提的折旧额，借记"累计折旧"科目，同时，转换日的公允价值大于账面价值的，按其差额，贷记"其他综合收益"科目。转换日的公允价值小于账面价值的，按其差额，借记"公允价值变动损益"。如果涉及减值准备，借记"固定资产减值准备"科目。

处置投资性房地产时，因转换计入其他综合收益的金额应转入当期其他业务成本，即借记"其他综合收益"科目，贷记"其他业务成本"科目。

⑤现金流量套期工具产生的利得或损失属于有效套期的部分，直接确认为其他综合收益。注意：无效套期部分计入公允价值变动损益。

⑥外币财务报表折算差额，在资产负债表中所有者权益项目下单独列示（其他综合收益）；企业在处置境外经营时，应当将与境外经营相关的外币折算差额，从所有者权益项目转入当期损益，部分处置境外经营的，应按处置比例计算折算差额，转入当期损益。

五、留存收益

留存收益是指企业在历年生产经营活动中取得净利润的留存额。留存收益主要由盈余公积和未分配利润两部分组成。

（一）盈余公积

1. 盈余公积的提取

盈余公积是企业按照规定从净利润中提取的各种积累资金。公司制企业的盈余公积包括法定盈余公积和任意盈余公积。前者以国家法律或行政规章为依据提取,我国规定应按本年税后利润的10%提取,当法定盈余公积累计达到公司注册资本的50%以上时,可以不再提取。后者由企业自行决定提取。

2. 盈余公积的用途

企业提取的盈余公积可以用于弥补亏损、扩大经营、转增资本和派送新股等。

3. 盈余公积的确认和计量

(1) 提取盈余公积

借记"利润分配——提取法定盈余公积""利润分配——提取任意盈余公积"科目,贷记"盈余公积——法定盈余公积""盈余公积——任意盈余公积"科目。

外商投资企业按净利润的一定比例提取的储备基金、企业发展基金,也作为盈余公积核算。但其提取的职工奖励及福利基金,则作为应付职工薪酬核算。

(2) 盈余公积弥补亏损

借记"盈余公积"科目,贷记"利润分配——盈余公积补亏"科目。

(3) 盈余公积转增资本

借记"盈余公积"科目,贷记"实收资本"或"股本"科目。

(4) 盈余公积派送新股

借记"盈余公积"科目,贷记"股本"科目。

(二)未分配利润

1. 未分配利润的概念

未分配利润是企业留待以后年度进行分配的结存利润,是所有者权益的组成部分。未分配利润是期初未分配利润,加上本期实现的净利润,减去提取的各种盈余公积和分配利润后的余额。未分配利润是通过"利润分配"科目进行核算的。

2. 会计处理

（1）分配股利或利润

经股东大会或类似机构决议，分配现金股利或利润，借记"利润分配——应付现金股利或利润"科目，贷记"应付股利"科目。分配股票股利，则借记"利润分配——转作股本的股利"科目，贷记"股本"科目。

（2）弥补亏损

企业以当年实现的利润弥补以前年度亏损时，不需要进行专门的会计处理。

第四章 税收的原理

第一节 税收基础知识

一、税收概述

税收是一个人们十分熟悉的古老的经济范畴,自其产生至今,经历了不同的社会形态,有几千年的历史。奴隶社会、封建社会以及资本主义社会都存在税收,社会主义社会仍然存在税收。社会主义税收的概念是从历史上沿用下来的,一方面保留了旧的形式,另一方面又加入了社会主义生产关系的新内容。

(一)税收的含义

税收是国家为满足社会公共需要,凭借其政治权力,运用法律手段,按法律规定的标准,强制、无偿地参与国民收入分配,取得财政收入的一种方式。它是各国政府取得财政收入的最基本形式。

税收属于分配范畴,这是税收的基本属性。税收的分配主体是国家,税收是最早出现的一个财政范畴,它是随着国家的产生而产生的。税收与国家的存在有本质的联系,正如马克思所说,"赋税是政府机器赖以存在并实现其职能的物质基础,而不是其他任何东西""国家存在的经济体现就是捐税"。税收是以国家为主体进行的分配,而不是社会成员之间的分配,由国家将一部分社会产品集中起来,再根据社会公共需要,通过财政支出分配出去。国家满足社会公共需要是面向整个社会公众的,它所带来的利益并不局限于个别社会成员。在征税过程中,居于主体地位的总是国家,纳税人居于从属地位。

税收征收依据的是国家政治权力。在对社会产品的分配过程中,存在着两种权力:一种是财产权力,也就是所有者的权力,即依据对生产资料和劳动力的所有权取得产品；另一种是政治权力，依据这种权力把私人占有的一部分产品变为国家所有，这就是税收。税收是一种特殊的分配，其之所以特殊，就在于它是凭借国家政治权力而不是凭借财产权力实现的分配。国家征税不受所有权的限制，对不同所有者普遍适用。

征税必须运用法律手段，按法律规定来进行。征税行为和程序本身也应当以税收法律法规为准绳。各国税法按照其基本内容和效力不同，分为税收基本法和税收普通法；按照税收职能作用的不同，分为税收实体法和税收程序法。它们都在不同层面规范征纳双方的行为。

（二）税收的形式特征

税收的形式特征，通常被概括为"税收三性"，即税收作为一种分配形式，同其他分配形式相比，具有强制性、无偿性和固定性的特征。这是税收这种财政收入形式区别于其他财政收入形式的基本标志。

1. 税收的强制性

税收的强制性是指税收的征收凭借的是国家的政治权力，是通过国家法律形式予以确定的。纳税人必须根据税法的规定照章纳税，违反的要受到法律制裁。税收的强制性表现为国家征税的直接依据是政治权力而不是生产资料的直接所有权，国家征税是按照国家意志依据法律来征收的，而不是按照纳税人的意志自愿缴纳的。税收的强制性，要求将征税主体和纳税主体全部纳入国家的法律体系之中，实际上是一种强制性与义务性的结合。

2. 税收的无偿性

税收的无偿性是指税收是价值的单方面的转移（或索取），是指国家取得税收收入既不需要偿还，也不需要对纳税人付出任何代价。正如列宁所说："所谓赋税，就是国家不付任何报酬而向居民取得东西。"税收的这种无偿性特征，是针对具体的纳税人而言的，即税款缴纳后和纳税人之间不再有直接的返还关系，税收的无偿性使得国家可以把分散的财力集中起来统一安排使用，满足国家行使其职能的需要。然而，国家征税并不是最终目的，国家取得税收收入还要以财政支出的形式用于满足社会公共需要。每个纳税人都会或多或少地从中取得收益，尽管其所获收益与所纳税款在量上不对等。因此，税收的无偿性也不是绝对的，从长远看是"取之于民，用之于民"的。

3. 税收的固定性

税收的固定性是指征税要依据国家法律事先"规定"的范围和比例，并且这种"规定"要有全国的统一性、历史的连续性和相对的稳定性。国家在征税前就要通过法律形式，预先规定课征对象和征收数额之间的数量比例，把对什么征、对谁征和征多少固定下来，不经国家批准不能随意改变。税收的固定性还有征收的连续性的含义，即国家通过制定法律来征税，就要保持它的相对稳定性，不能"朝令夕改"，这样有利于纳税人依法纳税。当然，对税收固定性的理解也不能绝对化，随着社会生产力和生产关系的发展变化、经济的发展以及国家利用税收杠杆的需要，税收的征收对象、范围和征收比例等不可能永远固定不变，只是在一定时期内稳定不变。因此，税收的固定性只能是相对的。税收的固定性有利于保证国家财政收入的稳定，也有利于维护纳税人的法人地位和合法权益。

税收的三个形式特征反映了一切税收的共性，它不会因社会制度的不同而有所改变。税收的三个基本特征是密切联系的，是统一的，是缺一不可的。税收的强制性，决定着征收的无偿性，因为如果是有偿的话就无须强制征收。而税收的无偿性，必然要求征税方式的强制性，因为国家征税，收入即归国家所有，不直接向纳税人支付任何报酬，一般而言，纳税人不能做到自愿纳税，必须要求其依法纳税。强制性和无偿性又决定和要求税收征收具有固定性，尽管征税是强制的，也不能没有限度，否则将变成滥征，会引起纳税人的强烈不满，严重的会影响一个国家政权的稳定。

二、税制构成要素

（一）纳税人

纳税人是税法规定的直接负有纳税义务的单位和个人，它是纳税的主体。纳税人可以是自然人，也可以是法人。所谓自然人，又分为居民纳税人和非居民纳税人。他们以个人身份来承担法律规定的纳税义务。所谓法人，是指依法成立并能独立行使法定权利和承担法律义务的社会组织，也分为居民企业和非居民企业。法人一般应当具备以下四个条件：一是依法成立；二是有必要的财产和经费；三是有自己的名称、组织机构和场所；四是能够独立承担民事责任。法人可以包括全民所有制企业、集体所有制企业、中外合资企业、中外合作经营企业和外资企业等，此外还可以包括机关、事业单位和社会团体法人等。

与纳税人相关的概念有两个：负税人和扣缴义务人。负税人是最终负担税款的单位和个人，它和纳税人之间的关系非常密切。在纳税人能够通过各种方式把税款转嫁给别人的情况下，纳税人只起了缴纳税款的作用，纳税人并不是负税人。如果税款不能转嫁，纳税人同时就又是负税人。为有利于征收管理，有些税款由向纳税人取得收入或支付款项的单位代扣代缴，这些按税法规定负有扣缴税款义务的单位和个人，称为扣缴义务人。

（二）课税对象

课税对象又称征税对象，是指税法规定的征税的目的物，是征税的根据。课税对象是一种税区别于另一种税的主要标志。

课税对象与税目关系密切，税目是课税对象的具体化，反映具体的征税范围，体现了征税的广度，一般通过确定税目划定征税的具体界限，凡列入税目者征税，不列入税目者不征税。通过这种分类便于贯彻国家的税收政策，即对不同的税目进行区别对待，制定高低不同的税率，为一定的经济政策目标服务。

与课税对象相关的另一个概念是税源，税源是指税收的经济来源或最终出处。有的税种的课税对象与税源是一致的，如所得税的课税对象和税源都是纳税人的所得，有的税种的课税对象与税源是不一致的，如财产税的课税对象是纳税人的财产，而税源往往是纳税人的收入。课税对象解决对什么征税的问题，税源则表明纳税人的负担能力。由于税源是否丰裕直接制约着税收收入规模，因而积极培育税源始终是税收工作的一项重要任务。

（三）税率

税率是税额与课税对象数额之间的比例。税率是计算税额的尺度，反映征税的深度。在课税对象既定的条件下，税额的大小决定于税率的高低。税率是税收制度的中心环节，税率的高低，直接关系到国家财政收入和纳税人的负担，是国家税收政策的具体体现。

1. 我国现行税率的类型

我国现行税率可以分为以下三种。

①比例税率。比例税率是对同一课税对象，不论其数额大小，统一按一个比例征税，它一般适用于对流转额的课税。在比例税率下，同一课税对象的不同纳税人的负担相同，因而该税率具有鼓励生产、调动生产者积极性、有利于税收征管的优点。比例税率的缺点，是有悖于量能负担原则，对调节个人所得的效果不太理想。

②累进税率。累进税率是就课税对象数额的大小规定不同等级的税率。课税对象数额越大，税率越高。实行累进税率，可以有效地调节纳税人的收入。它一般适用于对所得税的征收。累进税率按累进程度不同又分为全额累进税率和超额累进税率两种。

③定额税率。定额税率是指按单位课税对象直接规定一个固定税额，而不采取百分比的形式，如资源税，直接规定每吨税额为多少或每升税额为多少；又如城镇土地使用税，按使用土地的面积规定每平方米税额为多少，它实际上是比例税率的一种特殊形式。定额税率和价格没有直接联系，它一般适用于从量定额征收，因而又称为固定税额。定额税率在计算上更为便利，但是由于它是基于一个固定的数额，随着税基规模的增大，纳税的比例变小，故此税率具有累退的性质，对纳税人来说，税负不尽合理，因而该税率只适用于特殊的税种。

2. 课税依据

课税依据是指国家征税时的实际依据。国家征税时出于政治和经济政策考虑，并不是对课税对象的全部进行课税，往往允许纳税人在税前扣除某些项目。课税依据的设计一般要考虑课税对象的性质、课税目的以及社会环境等多种因素。

3. 课税基础

课税基础简称"税基"，是指确立某种税或一种税制的经济基础或依据。它不同于课税对象，如商品课税对象是商品，但其税基则是厂家的销售收入或消费的货币支出；它也不同于税源，税源总是以收入的形式存在的，但税基却可能是支出。税基的选择是税制设计的重要内容，它包括两个方面的问题：一是以什么为税基，现代税收理论认为以收益、财产为税基是合理的，但也有一种观点认为以支出为税基更为科学；二是税基的宽窄问题，税基宽则税源多，税款多，但有可能对经济造成较大的副作用，税基窄则税源少，税款少，但对经济的不利影响也较小。

4. 附加、加成和减免税

纳税人负担的轻重主要是通过税率的高低来调节的，此外，还可以通过附加、加成和减免税等措施来调整纳税人的负担。

附加和加成是属于加重纳税人负担的措施。附加是在正税以外附加征收的一部分税款。通常把按国家税法规定的税率征收的税款称为正税，而把在正税以外征收的附加称为副税。加成是加成征税的简称，是对特定纳税人的一种加税措施，有时为了实现某种限制政策或调节措施，对特定的纳税人实行加成征税，加一成等于加正税税额的10%，加二成等于加正税税额的20%，依此类推。属于减轻纳税人负担的措施有减税、免税以及规定起征点和免征额。减税就是减征一部分税款。免税就是免缴全部税款。减免税是为了发挥税收的奖限作用或照顾某些纳税人的特殊情况而做出的规定。起征点是对税法规定的课税对象开始征税的最低界限。对未达到起征点的课税对象，不征税；但达到或超过起征点时，对全部课税对象都要征税。免征额是课税对象中免予征税的数额。起征点和免征额有相同点，即当课税对象小于起征点和免征额时，都不予征税。二者也有不同点，即当课税对象大于起征点和免征额时，采用起征点制度的要对课税对象的全部数额征税，采用免征额制度的仅对课税对象超过免征额的部分征税。在税法中规定起征点和免征额是对纳税人的一种照顾，但二者照顾的侧重点不同，起征点照顾的是低收入者，免征额则是对所有纳税人的照顾。

税法具有严肃性，而税收制度中关于附加、加成和减免税的有关规定则把税收法律制度的严肃性和必要的灵活性密切地结合起来，使税收法律制度能够更好地因地因事制宜，贯彻国家的税收政策，发挥税收的调节作用。

5. 违章处理

违章处理是对纳税人违反税法行为的处置，它对维护国家税法的强制性和严肃性有重要意义。

纳税人的违章行为通常包括偷税、抗税、骗税、逃税、欠税等不同情况。其中，偷税、抗税、骗税、逃税一般为违法行为。偷税是指纳税人有意识地采取非法手段不缴或少缴税款的违法行为。抗税是指纳税人以暴力、威胁等方法对抗国家税法，拒绝纳税的违法行为。骗税是指纳税人采取对所生产或经营的商品假报出口等欺骗手段骗取国家出口退税款的行为。逃税是指纳税人故意或无意采用非法手段减轻税负的行为，包括隐匿收入、虚开或不开相关发票、虚增可扣除的成本费用等方式。欠税即拖欠税款，是指纳税人不按规定期限缴纳税款的违章行为。对纳税人的违章行为，可以根据情节轻重的不同，分别采取不同的方式进行处理，如批评教育、强行扣款、加收滞纳金、罚款、追究刑事责任等。

三、税收分类

（一）按课税对象的性质分类

按课税对象的性质分类，可将我国现行税种分为流转课税、所得课税、资源课税、财产课税和行为课税五大类，这是常用的分类方法。

1. 流转课税

流转课税又称商品课税，是指以商品交换或提供劳务的流转额为课税对象的税类。流转课税的经济前提是商品生产和交换，其计税依据是商品销售额或营业收入额等。属于流转课税的税种包括增值税、消费税和关税等。流转课税是目前大多数发展中国家普遍采用的一种税，并且在税收总额中占较大比重。在我国，流转课税是主体税种，是我国目前最大的税类。

2. 所得课税

所得课税又称收益课税，是指以所得（或收益）额为课税对象的税类。所得课税可以根据纳税人的不同分为对企业所得课税和对个人所得课税两大类，前者称为企业所得税，后者称为个人所得税。我国目前开征的所得税主要有企业所得税、个人所得税等。

3. 资源课税

资源课税是以自然资源为课税对象的税类。该税种能够对从事自然资源开发的单位和个人所取得的级差收入进行适当调节，以促进资源的合理开发和使用。由于级差收入也是一种所得，因此有些国家也将资源课税并入所得课税。目前，我国的资源课税有资源税、耕地占用税和土地使用税等。

4. 财产课税

财产课税是指以纳税人拥有或支配的财产为课税对象的税类。我国目前开征的房产税、契税、车船税等，就属于财产课税。

5. 行为课税

行为课税是指以纳税人的某种特定行为为课税对象的税类。开征这类税一方面可以增加财政收入，另一方面可以通过征税对某种行为加以限制或加强管理监督。我国现行属于行为课税的有印花税、证券交易税、城市维护建设税等。

（二）按税收与价格的关系分类

按税收与价格的关系分类，可将税收分为价内税与价外税。凡税金构成价格组成部分的，属于价内税；凡税金作为价格以外附加的，则属于价外税。与之相适应，价内税的计税价格称为含税价格，价外税的计税价格称为不含税价格。我国的流转课税以价内税为主，但现行的增值税采用价外税。

（三）按税负能否转嫁分类

按税负能否转嫁，可将税收分为直接税与间接税。凡是税负不能转嫁的税种，属于直接税。在直接税下，由纳税人直接负担各种税收，纳税人就是负税人。如所得税和财产税属于直接税，税负不能转嫁。凡是税负能够转嫁的税种，属于间接税。在间接税下，纳税人能将税负转嫁给他人，纳税人不一定是负税人。如以商品为课税对象的消费税等属于间接税，税负能够转嫁。一般认为，在市场经济条件下，由于实行市场价格，存在税负转嫁问题，但税负转嫁取决于客观的经济条件。

（四）按税收的计量标准分类

按税收的计量标准分类，可将税收分为从价税与从量税。从价税是以课税对象的价格为计税依据的税类，从量税是以课税对象的数量、重量、容积或体积为计税依据的税类，如目前我国开征的资源税、车船税和部分消费品的消费税等。从价税的应纳税额随商品价格的变化而变化，能够贯彻合理负担的税收政策，因而大部分税种都采用这一计税方法。从量税的税额随课税对象数量的变化而变化，具有计税简便的优点，但税收负担不能随价格高低而增减，不尽合理，因而只有少数税种采用这一计税方法。

（五）按税收的管理权限分类

按税收的管理权限分类，可将税收分为中央税、地方税和中央与地方共享税。中央税是指由中央管辖课征并支配的税种，如我国目前开征的消费税、关税等；地方税是指由地方管辖课征并支配的税种，如我国目前开征的房产税、车船税、耕地占用税等。中央税与地方税的划分在不同国家有所不同。有些国家的地方政府拥有税收立法权，可以自行设立税种，并对设立的税种有开征、停征及税率调整权，这种税显然是地方税；中央政府开征的税种属于中央税。有些国家的税种由中央政府统一设立，但根据财政管理体制的规定，为了调动地方的积极性，将其中的一部分税种的管辖权和使用权划给地方，称为地方税；归中央管辖和使用的税种属中央税。此外，有的国家还设立共享税，其税收收入在中央与地方之间按一定比例分成。我国目前就属于这种情况，如我国目前开征的增值税、资源税、证券交易税等就属于中央与地方共享税。

（六）以征收实体为标准分类

以征收实体为标准分类，可将税收分为实物税和货币税两大类。实物税是以实物形式缴纳的各种税收，它是自然经济社会税收的主要分配形式。历史上奴隶社会的"布帛之征""粟米之征"都是实物税的具体形式。货币税是以货币形式缴纳的各种税种，它是商品经济社会税收的基本分配形式。当今世界各国的税收分配都主要采用货币形式。

第二节 税收负担与税收效应

税收负担水平是税制的核心问题，体现税收与政治、经济之间的相互关系。合理确定一个国家的税负水平，对确保政府满足公共需要的财力，调节经济结构，促进经济发展，保证政治稳定，都有着重要的意义。

一、税收负担

税收负担是指纳税人因向国家缴纳税款而承受的收入损失或经济利益损失，在数量上体现政府征收的税收收入和可供征税的税基之间的对比关系。税收负担问题是税收制度的核心问题，也是税收与经济的关系问题。合理界定一定时期的税收负担，对于保证政府履行其职能所需要的财力和促进经济发展有着重要的意义。

（一）税收负担的实质

税收负担的实质是政府与纳税人之间的分配关系。税收负担表现为因政府征税使纳税人承担了一定量的税额，相应地减少了纳税人的一部分收入或利润，并给纳税人造成经济利益损失，其实质表现的是政府与纳税人之间的一种分配关系。

这种分配关系有以下三层含义。

1. 政府与单个纳税人之间的分配关系

二者对既定的剩余产品存在占有或支配的此增彼减的关系，就单个纳税人而言，在收入一定的前提下，政府对其征税越多，纳税人税后自己可支配的用于投资或消费的收入就越少，经济利益损失就越大。

2. 私人产品与公共产品之间的配置和消费关系

从税款运动的全过程来看，政府从纳税人手中强制征收的税款，相当大的一部分通过财政支出用于生产或提供各种公共产品或公共服务，以满足企业生产和居民生活的公共需要,这实质上体现了以政府为中介调节私人产品与公共产品之间的配置结构,以满足全社会对公共产品消费需要的分配关系。

3. 纳税人相互之间的分配关系

政府在征税与不征税、多征税与少征税之间的选择,以及政府在将征收的税款通过转移性支出转化为一部分社会成员的收入的过程中,客观上起到了调节纳税人相互之间对收入或财富占有关系的作用。就政府提供的公共产品而言,因公共产品在地区结构或品种结构上存在差异,政府也不可能做到让纳税人等量损失、等量消费。因此,政府的税收分配和再分配,客观上起到了调节纳税人相互之间的分配关系的作用。

(二) 税收负担的分类

由于税收负担的形式比较复杂,为了研究税收负担水平、税收负担分布以及分析税收负担的经济效应和影响税收负担的各种因素,以便政府在税制建设以及制定和实施税收政策时确定合理、适度的税收负担,有效发挥税收筹集财政资金和调控经济运行的功能,有必要从不同角度、按照不同标准对税收负担进行科学的归纳和分类。

1. 按照税收负担的承受主体

可将税收负担分为宏观税收负担和微观税收负担。宏观税收负担是指一个国家在一定时期内税收收入占GDP的比重。在考察一个国家的税收负担总水平或对不同国家的税收负担总水平进行比较研究时,一般采用宏观税收负担。研究宏观税收负担,旨在解决税收在宏观方面促进资源合理配置、经济稳定增长和国民收入合理分配中带有全局性和整体性的问题。

微观税收负担是指某个纳税人(自然人或法人)的税收负担,表明某个纳税人在一定时期内所承受的税款总额。衡量微观税收负担的指标主要有:一是企业税负指标,通常用企业所得税负担率来衡量,即企业缴纳的所得税占企业利润总额的比率,该指标表明国家与企业之间的利润分配关系;二是城镇居民税负指标,通常用个人所得税负担率来衡量,即城镇居民缴纳个人所得税占居民个人收入的比率。研究微观税收负担旨在为政府制定税收政策和税收制度,进而实施对宏观经济活动的有效调控提供最基本和最直接的依据。

2. 按照税收负担的构成

可将税收负担分为直接税收负担和间接税收负担。

直接税收负担是指纳税人直接向政府纳税而最终承受的税收负担。在市场经济条件下，由于存在着税负转嫁，法律上的纳税人不一定是实际税负的承担者。如果纳税人向政府实际缴纳的税额不能以某种方式转嫁给他人，纳税人最终承担的税额即未实现转嫁的部分便构成纳税人的直接税收负担。

间接税收负担是指被转嫁者实际负担的由他人转嫁过来的税额。在存在税负转嫁机制的条件下，纳税人依法直接向政府缴纳税款并不意味着税款最终全部由纳税人自己负担，纳税人有可能通过某种途径全部或部分地将税收负担转嫁出去。这样，被转嫁者虽然没有直接向政府纳税，但却实际负担了一部分由他人转嫁过来的税款，即间接税收负担。只要存在税负转嫁，就存在间接的税收负担。就全社会来说，它虽然因纳税人之间税负的此增彼减，不会增加全体纳税人的税收负担，即宏观税收负担不变，但却会改变微观税收负担的最终分配结构。就某一纳税人而言，其既可能作为转嫁者因实现了税负转嫁而使其实际负担的税额比向政府缴纳的税额还小，又可能作为被转嫁者而使其实际负担的税额比向政府缴纳的税额还大。在某些情况下，可能税收的间接负担者根本就不是税法所规定的纳税义务人，但却负担了由他人转嫁过来的税款。

3. 按纳税人承受税收负担的实际情况

可将税收负担分为名义税收负担和实际税收负担。名义税收负担是指按法定税率和计税依据计算的纳税人应承担的税款总额。名义税收负担率简称"名义税负率"，它可用纳税人按法定税率和计税依据计算的应纳税额占其盈利或各项收入总额的比率来衡量。实际税收负担是指纳税人实际缴纳税款所形成的税收负担。实际税收负担率简称"实际税负率"，它可用纳税人实纳税额占其营利或各项收入总额的比率来衡量。

名义税负与实际税负从不同角度表现了纳税人的税负状况，前者侧重反映纳税人的税负承受能力，后者侧重反映纳税人实际承担的税负水平。由于各种因素的综合影响，同一纳税人的名义税负与实际税负常常存在差异，实际税负率可能低于名义税负率，也可能高于名义税负率。导致二者偏离的因素，除了通货膨胀、避税、逃税等因素外，还包括税收优惠和减免、税收附加和加成、执行费用、税负转嫁等。与名义税负相比，实际税负水平的变化对纳税人经济行为有着更为直接的影响，因而它是研究、制定和调整税收法律和税收政策的主要依据。

二、税负转嫁

（一）税负转嫁与归宿的含义

税负转嫁是指在商品交换中，纳税人将其缴纳的税款通过各种途径转移给他人负担的过程。税负归宿是指处于转嫁中的税负的最终落脚点。由于税负转嫁这种经济现象可能发生，也可能不发生，因而税负归宿也就有直接归宿与间接归宿之分。直接归宿是指纳税人所纳税款无法转嫁，完全由自己负担，即法律上的纳税义务人与经济上的实际税负承担者完全一致；间接归宿是指因为税负发生了转嫁，税负部分或全部转嫁给了他人承担，致使法律上的纳税义务人与经济上的实际税负承担者不一致，税负最终归宿到了被转嫁者身上。

（二）税负转嫁的形式

按照经济交易过程中实现税负转嫁的不同途径分类，税负转嫁主要有四种具体形式。

1. 前转

前转又称顺转，是指纳税人将其所纳税款通过提高商品销售价格的办法，向前转嫁给购买者负担的一种转嫁形式。前转是税负转嫁的最典型和最普遍的形式，大都发生在对商品和劳务的课税上，它通过提高课税商品的价格来实现。例如，在生产环节对消费品征的税款，生产者就可通过提高商品出厂价格把税负转嫁给批发商，批发商和零售商也可以用同样的方式把税负最终转嫁给消费者，消费者是税收负担的实际承担者，即负税人。

2. 后转

后转又称逆转，是指纳税人将其所纳税款通过压低商品进价的方法向后转嫁给商品销售者的一种转嫁形式。后转一般是在受市场供求条件的约束，纳税人无法将其所纳税款以提高商品销售价格的方法向前转移时所选择的转嫁途径。因为商品课税后若提高销售价格，往往会导致需求量下降，商品经营者不得不降价出售，所以税负难以向前转嫁给消费者，只能采用压低进货价格的办法把税负转嫁给批发商，批发商再转嫁给生产商，生产商又通过压低原料价格、劳动力价格（工资）或延长工时等办法，把税负转嫁给原料供给者和工人等。

3. 混转

混转又称散转，是指纳税人同时采用前转和后转的一种税负转嫁形式。前转与后转是税负转嫁的两种基本形式，但在现实经济生活中，税负无论是前转还是后转，其转嫁程度和转嫁形式都要受许多客观经济条件的限制，有时能够把全部税款转嫁出去，有时则只能部分地转嫁，有时可完全采用前转或后转，但相对容易的方式则是对同一税款，一部分采用提高售价的方式向前转嫁，另一部分则采用压低进价的方式向后转嫁。

4. 税收资本化

税收资本化又称资本还原，是指在某些资本品（如土地、房屋、股票）的交易中，商品的购买者将应纳税款通过从购入价格中预先扣除（压低商品的购买价格）的方法，转嫁给生产要素的出售者。这种情况多发生于土地买卖或其他收入来源较具永久性的财产（如有价证券）的税负转嫁上。例如，政府征收土地税，土地购买者就会将预期缴纳的土地税税款折入资本，采用压低土地购买价格的方法将以后若干次应纳税额一次性地转嫁给土地出售者，此后，名义上虽由土地购买者按期纳税，但实际上税款由土地出售者负担。

（三）税负转嫁的实现条件

如果纳税人有独立的物质利益，那么只要有税收负担就必然会有纳税人转嫁税负的主观愿望，以减轻经济损失。但是，在现实经济生活中，税负能否转嫁以及转嫁多少，并不是以纳税人的主观意志为转移的，而是由客观经济条件决定的，这些条件包括以下五个方面。

1. 商品经济的存在和发展

税负转嫁是在商品交换过程中通过商品价格的变动实现的。没有商品生产和商品交换的存在，就不会有税负转嫁。因此，商品经济是税负转嫁的前提条件。

在自然经济条件下，由于社会生产力不发达，社会成员生活必需品的自给程度很高，产品一般不经过市场交换，而是直接从生产领域进入消费领域，自给有余的少部分产品也以物物交换、调剂余缺为主，纳税人无法转嫁税收。随着生产力的发展，尤其是资本主义生产方式在一些国家确立以后，以货币为媒介的商品交换突破了时间和地域的限制，一切商品的价值都要通过货币形式表现为价格，在经济结构中商品、货币经济占据了统治地位，这就为建立以商品流转额为课税对象的间接税体系创造了经济条件，而一切以商品流转额为课税对象的税种必然与商品价格联系在一起，并逐渐成为商品价格的有机构成部分，这就为纳税人通过压低商品购入价格或抬高商品销售价格进行税负转嫁提供了可能性和前提条件。因此，税负转嫁是商品交换发展到一定阶段的产物，是一个历史的经济现象。

2. 价格的市场化

税负转嫁是和价格运动直接联系的，一般通过提高货物的售价或压低货物的进价来实现。无论哪种转嫁形式，都依赖于价格的变动。因此，价格的市场化是税负转嫁存在的基本条件。若政府实行指令性价格制度，纳税人没有定价权，那么就既无法提高售价向前转嫁，也无法降低进价向后转嫁。只有在市场经济和自由价格制度下，生产经营者才有可能完全根据市场供求关系的变化自由地确定产量和价格，税负转嫁才有可能通过价格变动得以实现。

3. 商品供求弹性

纳税人缴纳的税款通过价格变动能够转嫁出去多少，最终是由商品的供求弹性决定的。商品的供求弹性反映了商品的供给和需求数量对于市场价格升降做出反应的灵敏程度。纳税人税收负担能否转嫁、能够转嫁多少，主要取决于商品供求弹性的大小。一般来讲，需求弹性较大，供给弹性较小的商品税负不易转嫁，税负将主要由纳税人自己承担；需求弹性较小，供给弹性较大的商品税负较易转嫁，税负将主要由其他人负担。税负转嫁的情形，从理论上说只有四种情况与之相对应：需求完全无弹性、需求完全有弹性、供给完全无弹性、供给完全有弹性。在第一种和第四种情况下，税负可以完全转嫁给购买者负担；在第二种和第三种情况下，税负完全由纳税人自己负担。当然，需求和供给完全有弹性或完全无弹性的情况都是理论上的假定，在现实生活中是罕见的。在现实经济社会中，绝大多数商品或生产要素的需求和供给处于这两个极端之间，属于富有弹性和缺乏弹性这两种情况。因此，在税负转嫁上，完全可以转嫁或完全不能转嫁的情况基本上是不存在的，通常的情况是税收负担由纳税人与其商品的购买者分别承担，分别承担的比例取决于该商品的需求弹性和供给弹性的大小。如果需求弹性大于供给弹性，商品供给者通过提高商品售价向前转嫁税负的能力相对较弱，因而不得不减少利润，承担较多的税负，即税负会更多地落在生产者或生产要素提供者的身上；如果供给弹性大于需求弹性，则消费者接受涨价、承担税负的比例要大一些，即税负会通过提高售价更多地落在购买者身上；如果供给弹性与需求弹性相等，则税负由供需双方平均分担。

4.课税范围的宽窄

课税范围宽广的商品较易转嫁税负，课税范围狭窄的商品难以转嫁税负。税负转嫁必然引致商品价格的升高，若另外的商品可以代替加价的商品，消费者往往会转而代之，从而使税负转嫁失败。但若一种税收范围很广，甚至波及同类商品的全部，消费者无法找到价格不变的代用品时，只好承受税负转嫁的损失。

5.税收的计量标准

一般来说，从价课税的税负容易转嫁，从量课税的税负不容易转嫁。从量课税是按课税对象的数量、重量、容积、面积、体积征税，税额不受价格变动的影响，税负不易转嫁。在从价课税条件下，价格随税负转嫁而上升，购买者不易察觉，相对来说比较容易转嫁。

应当指出，企业经营都是以谋求尽可能多的利润为活动目标的，税负转嫁也是为这一目的服务的。但是生产者谋求利润的目标有时与税负转嫁是相矛盾的，如企业为了把税负全部转嫁出去必须把商品销售价格提高到一定水平，而销售价格提高会直接影响产品的销售数量，进而影响企业经营总利润。这时，经营者必须比较税负转嫁所得的好处与商品销量减少所受的损失，若后者大于前者，则经营者宁愿负担一部分税款也要保证商品销量。因此，税负转嫁是有条件的，税负转嫁的愿望一定要与企业生产者谋求利润的长远目标联系起来才是现实的。

（四）我国的税负转嫁

我国曾长期实行高度集中的计划经济体制，在这种经济体制下，税负转嫁的主观条件和客观条件都是不存在的。这是因为：一是当时实行由政府统一规定的计划价格体制，不存在价格自由浮动机制，因而也不存在税负转嫁的客观条件；二是当时的企业不构成商品生产的实体，不存在独立的经济利益，没有在利益机制驱动下的转嫁税负的动机。改革开放后，我国在经济发展过程中逐步转向社会主义市场经济体制，企业不仅存在税负转嫁的动机，而且也具备了充分的税负转嫁的条件。这是因为：第一，税负转嫁是以价格的自由浮动为条件的，而我国价格的市场化为税负转嫁提供了充分条件；第二，企业是市场经济下的自主经营、自负盈亏的经济实体，在竞争中求生存和发展，有了自身独立的经济利益，在物质利益驱动下，利用税收转嫁机制减轻税负以获取更大的自身利益的动机强化了；第三，我国实行以商品课税为主体的税制，也为税负转嫁提供了充分条件。可见，只要存在税负转嫁现象，它就会对社会生活产生广泛影响。税负转嫁是经济体制转换带来的新问题，也是我国税收理论和实践正在积极研究和探索的一个新课题。

税负转嫁与设计税收制度有密切的关系。税负转嫁可能改变预定税负分配格局，抵消税收的经济调节作用或造成税负的不公平。因此，在制定税收政策和税收制度时必须充分考虑各类商品的供求关系和价格趋势，并合理选择税种、税率以及课征范围。税负转嫁会引发纳税人的逃税行为，当税负转嫁不顺畅时，纳税人很有可能用逃税来取代税负转嫁，使财政收入受到损失。因此，税务机关要制定出切实可行的措施，防止逃税行为的发生。

目前，我国税制是以商品课税为主体的，而税负转嫁又主要发生在商品流通领域，因而深入地研究税负转嫁的机理，有着重要的现实意义。税负转嫁从本质上说是物质利益的再分配，商品生产者和经营者会因税负转嫁而改变其在竞争中的地位，消费者会因税负转嫁而增加负担。例如，生活必需品需求弹性小，即使物价上涨消费者也不能放弃选择，纳税人很容易把税负转嫁给消费者，增加消费者负担，因此，一般国家对生活必需品都采取限价政策，以满足社会成员基本生活需要和社会的安定。对于一些自然垄断行业，由于其税负转嫁具有优势，国家应加强对其进行价格管理。通常将垄断分为自然垄断和人为垄断两大类，国家可以通过支持和鼓励竞争消除或限制人为垄断，但对自然垄断则不能完全靠市场竞争来消除。由于自然垄断具有规模越大、效益越高的特征，在市场经济条件下，若国家不进行适当干预，自然垄断行业，如电力、供水、交通等行业，就会通过减产提价来获取超额利润。在市场经济条件下，对自然垄断行业既要引入一定的市场调节，又不能像对一般竞争行业那样主要靠市场调节。对这些行业，在遵循供求规律的前提下，政府有必要在价格方面实施一定程度的干预和控制，才能有效地控制该类行业为减轻税收负担而进行不正当的税负转嫁。

我国目前是以商品课税为主体的税制结构，所得课税的比重偏低。从税制改革的方向来看，由于所得税属于直接税，不易进行税负转嫁，所以应该提高所得税的比重，这样有利于缩小税负转嫁的范围和空间，缓解税负转嫁的负面影响，有利于强化税收的调节作用。从商品课税来看，我国大部分商品课税属于价内税，增值税属于价外税。价内税是作为价格的组成部分，表现为含税价格，价外税是作为价格的附加，价格与税收分离，表现为不含税价格。从现实生活来看，消费者在购买商品的时候，价内税的税款和价格同时支付，税款不单独列出；而价外税的税款与不含税价格分别列出，消费者能非常清楚地看到所购商品中应支付的税额。价内税价税合一，淡化了税负转嫁和最终归宿的透明度，混淆了纳税人与负税人的区别，使价格信号失真，因而不能充分地体现价格与税收的不同功能。实行价外税，税款和价格分开，使纳税人与实际负税人分离，有利于增强税负转嫁和最终归宿的透明度，有利于培养公民的纳税意识，也有利于更好地发挥税收和价格两个经济杠杆调节经济的作用。因此，我国可以有步骤地扩大价外税范围。

三、税收效应

（一）税收效应的含义

税收效应是指纳税人因政府征税而在其经济选择或经济行为方面做出的反应，或者从另一个角度说，是指国家课税对消费者的选择以及生产者决策的影响。在市场经济条件下，纳税人作为经济活动中的投资者、生产者和经营者，税收对他们而言是政府强制、无偿的征收，因而如同原材料和工资等成本一样，是从事投资和生产经营活动时所必须付出的经济代价。因此，政府对投资和生产经营活动是采取全部征税还是采取部分征税，在政府的征税领域，政府是采取统一税率征税还是采取差别税率征税，对纳税人的利益会产生截然不同的影响。作为纳税人的企业和个人，是市场经济中自主经营、自负盈亏的微观经济主体，有追求自身利益最大化的内在动力，同时也面临着为了生存和发展而进行激烈竞争的外在压力。在内在动力与外在压力的相互作用下，政府课税必然会使纳税人做出相应的反应，并进行经济决策和行为选择。

税收效应可分为收入效应和替代效应两种不同的类型。税收的收入效应是指国家征税减少了纳税人可支配的收入，从而降低了商品购买量和消费水平。当然，纳税减少了纳税人的收入，这一方面会减少商品购买量，另一方面会激励纳税人比原先更加努力地工作，以赚取更多的收入，弥补由于征税而造成的损失。税收的替代效应是指纳税人针对不同经济行为税收待遇的不同，而有意识采取的行为选择。当政府对不同的商品实行征税或不征税、重税或轻税的区别对待时，会影响商品的相对价格，使纳税人减少征税或重税商品的购买量，而增加无税或轻税商品的购买量，即以无税或轻税商品替代征税或重税商品。例如，如果银行存款获得利息需要纳税，但购买国债所得利息不需纳税，在利率等其他条件相当的情况下，人们就会选择购买国债而不是银行存款。也就是说，在利益的驱动下，人们会尽量地回避征税，会选择课征低税的经济行为来替代课征高税的经济行为，以不征税的经济行为来替代征税的经济行为。

在市场经济条件下，纳税人的经济选择或经济行为是多方面的，主要包括商品购买、劳动投入、储蓄和投资等。需要注意的是，在社会化大生产和市场经济体制下，纳税人的行为不是孤立的，生产者之间、生产和消费之间、生产和投资之间都存在十分密切的联系。一个纳税人经济选择或经济行为的改变必然会影响到其他纳税人的行为，从而产生更为广泛的效应。因此，对单个纳税人税收效应的分析只是基本的方面。

（二）税收的经济影响

1. 税收对劳动供给的影响

税收减少了劳动者的既得收入，政府征税会使人们对工作产生不同的反应，人们会在工作以取得收入或是闲暇之间进行选择。工作时间越多和工作质量越高，收入就越多，生活就越富裕，但要取得收入就要放弃闲暇。人们对两者的选择受个人的偏好、工资的高低以及政府征税率等诸多因素的影响。税收对劳动供给的影响，是通过收入效应和替代效应来表现的。

税收对劳动供给的收入效应，是指征税后减少了个人可支配收入，促使其为维持既定的收入水平和消费水平而减少或放弃闲暇,增加工作时间。税收对劳动供给的替代效应是指由于征税使劳动和闲暇的相对价格发生变化,劳动收入下降,闲暇的相对价格降低,促使人们选择闲暇以替代工作,也就是说,政府课税会造成劳动投入量的下降,税负越重,劳动投入量越少。如果收入效应大于替代效应,征税对劳动供给主要是起激励作用,它促使人们增加工作;如果收入效应小于替代效应,征税对劳动供给就会形成超额负担,人们可能会用闲暇替代劳动。在各税种中,个人所得税对劳动供给的影响较大,在个人收入主要来源于工资收入,且工资水平基本不变的前提下,征收个人所得税通过对人们实际收入的影响,改变着人们对工作和闲暇的选择。

我国目前是一个劳动力供给十分充裕的大国,对我国现实情况而言,税收几乎不影响劳动力的供给,而且个人所得税在短期内也不会成为主体税种,因此,我国目前和今后相当长的时期内需要解决的不是如何增加劳动供给,而是如何消化劳动力过剩的问题。

2. 税收对居民储蓄的影响

影响居民储蓄行为的两个重要因素是个人收入总水平和利率水平。个人收入越多,储蓄倾向越强;储蓄利率越高,对人们储蓄的吸引力就越大。税收对居民储蓄的影响,主要是通过个人所得税、利息税等影响居民的储蓄倾向及全社会的储蓄率。

对个人所得是否征税以及征收多少,会影响个人的实际可支配收入,并最终影响个人的储蓄行为。如果对储蓄的利息所得不征税,征收个人所得税对居民储蓄只有收入效应,即征收个人所得税会减少纳税人的可支配收入,迫使纳税人降低当前的消费。由于征收个人所得税,个人的消费与储蓄水平同时下降了。所以,税收对储蓄的收入效应是指在对个人所得征税后,个人的实际收入下降,纳税人为了维持既定的储蓄水平而被迫减少现期消费。如果对储蓄利息征利息税,会减少储蓄人的收益,从而降低储蓄报酬率,影响个人储蓄和消费倾向。具体来说,对储蓄利息征税使得未来的消费价格变得昂贵了,而当前的消费价格相对下降了,个人将增加当前的消费,于是产生了收入效应和替代效应。此时的收入效应在于对利息征税降低了个人的实际收入,纳税人将用既定的收入减少当前或未来的消费;替代效应是指对利息征税减少了纳税人的实际利息,使未来的消费价格变得昂贵，降低了人们储蓄的意愿，从而引起纳税人以消费代替储蓄。

近年来，我国家庭储蓄增长速度很快。就我国的情况而言，税收对储蓄的影响并不明显，这说明人们对储蓄的态度还取决于税收以外的诸多因素，如居民未来消费的预期、未来可支配收入的预期及其他投资渠道等，因此，政府应适当运用税收杠杆促进储蓄向投资转化，如公积金缴费免征所得税、中国人民银行推出的教育储蓄免征利息税等。虽然，从表面上看税收优惠政策会减少政府的即期收入，但实际上随着居民投资的发展，资本市场日益繁荣，居民金融资产将不断升值，反过来能促进远期消费向即期消费转化，从而推动经济增长和财政收入的增加。

3. 税收对投资的影响

税收对企业投资决策的影响，除了其对储蓄水平的间接影响，这一效应主要是通过税收对投资收益率和折旧因素的影响体现出来的。

对企业来说，税率与投资收益率是反方向变化的。在其他因素一定时，税率提高，投资收益率下降，因此，税率的变动会直接引起投资收益与投资成本的比例发生变动，并对纳税人的投资行为产生方向相反的两种效应：如果征税的影响是降低投资对纳税人的吸引力，就会造成纳税人减少投资而以消费来替代投资，即税收对投资产生了替代效应；如果征税的影响是减少纳税人的可支配收入，就会促使纳税人为了维持其以往的收益水平而增加投资，即税收对投资产生了收入效应。同时，通过税收制度规定的税收折旧率与实际折旧率通常是不一致的。若二者相等，则税收对私人投资的影响表现为中性；若税收折旧率高于实际折旧率，则税收对私人投资的影响表现为一种激励；若税收折旧率低于实际折旧率，则税收对私人投资的影响表现为一种抑制作用。

一般来说，征税会导致投资的收益率下降，产生税收对投资的替代效应，从而抑制投资。但是，由于税法中存在一些鼓励投资的规定，如加速折旧、投资抵免等，会对投资起到激励作用，因此，政府应合理运用税收政策，调控投资需求，从而促进经济发展，实现社会总供求的平衡。

第五章　税收的分类

第一节　增值税

一、增值税概述

增值税（Value-Added Tax,VAT）是以商品生产、流通和劳务的增值额为对象课征的一种流转税。

（一）增值税的概念

1. 增值税概念

增值税是对从事销售货物或提供加工、修理修配劳务以及进口货物的单位和个人取得的增值额为课税对象的一种流转税（Turnover Tax），是对商品生产和流通中各环节的新增价值或商品附加值进行征税。

2. 增值额理解

在理论增值额方面，从某一生产经营者角度看，增值额是指某个生产经营环节在一定期间内销售货物或提供劳务所取得的销售收入额扣除为生产经营这种货物（或劳务）而外购部分货物价款后的余额，是该纳税人在本期新创造的价值，即产品价值（C+V+M）－ C。

从生产经营全过程看，增值额是指某种商品各个生产经营环节增值额之和，即该商品实现消费时的最终销售价格。增值额和销售额的关系是该产品的增值额合计数相当于零售销售额，对每一生产环节征收的增值税之和，实际就是按货物最终销售额征收的增值税，因此也被称为销售税（Sales Tax）。

在法定增值额方面，它是指增值税制度中税法确定的增值额，与理论增值额不一定相等，这主要是由对外购固定资产扣除范围以及对外购固定资产的处理方法不同造成的。

（二）增值税的特点

1. 实行价外计税

实行价外计税即税金不包括在销售价格内，把税款同价格分开，使企业的成本核算不受税收的影响，当在零售环节出售商品和对消费者提供劳务时，价格和税款不再分开标明，这时税金仍然是价外税。增值税采用增值税专用发票进行征收管理，发票上将货物的销售额与税额分开填列。

2. 实行税款抵扣制

增值税征收实行凭借取得的注明税款的专用发票进行抵扣的办法，这样能够彻底排除重复课税的弊端，也具有税收中性的特征。

3. 实行普遍征税

一般涉及绝大部分商品和劳务，对从事生产经营和提供劳务的，不论是单位还是个人均征收增值税，体现税收的普遍性，保证税源充足。

4. 实行多环节征税

纳税环节包括生产经营、流通和提供劳务的各个环节，即在生产、批发、零售、劳务提供和进口等各个环节分别征税，有利于防止偷逃税。它实行逐环节征税，逐环节扣税，但最终消费者是全部税款的承担者，增值税也具有税负转嫁的特征。

5. 减免税权高度集中

增值税经过几次税制改革，大幅度减少了税收减免项目，减免税权高度集中在国务院，强化了税收规范。

（三）增值税的类型

目前世界上增值税共有三种类型：一是生产型增值税（Production-type VAT），它的特点是确定法定增值额不允许扣除外购固定资产价款及其折旧，这时法定增值额等于工资、租金、利息及折旧之和，其内容从整个社会来说相当于国民生产总值，所以被称为生产型增值税；二是收入型增值税（Income-type VAT），它的特点是对外购固定资产只允许扣除当期计入产品价值的折旧的价值额，这个法定增值额，从整个社会来说，相当于国民收入，所以被称为收入型增值税；三是消费型增值税（Consumption-type VAT），2009年1月1日起开始施行，它的特点是当期购入的固定资产价款一次全部扣除，因此购置固定资产已缴纳的税金在购置当期已经全部扣除，这种类型增值税的课税对象不包括生产资料，仅限于当期生产销售的所有消费品，所以被称为消费型增值税。

（四）增值税的作用

1. 促进专业化协作生产的发展

增值税采用税款抵扣制度，既能消除重复征税和税负不公的弊端，又能鼓励企业扩大协作生产。

2. 有利于稳定财政收入

增值税以增值额为征税对象，不会因为经济结构和生产组织的变化而变化，有利于财政收入的稳定。

3. 有利于激励国际贸易

采取出口退税制度，在商品出口环节将在国内各环节累计缴纳的税款退还给出口企业，使出口产品以不含税价进入国际市场，增强产品国际竞争力。

4. 强化了税收制约

实行税款抵扣办法，使各个环节购销双方用增值税专用发票连接起来，相互制约，便于税务机关稽查，保证财政收入及时、足额的征收。

二、增值税征税范围和纳税义务人

《中华人民共和国增值税暂行条例》规定:"在中华人民共和国境内销售货物或加工、修理修配劳务以及进口货物的单位和个人,为增值税的纳税义务人。"

(一)增值税的征收范围

1. 销售货物

一般指有偿转让各种有形动产(包括电力、热力、气体在内,不包括土地、房屋和其他建筑物等一切不动产)的所有权,能从购买方获得货款和其他经济利益的行为。

2. 提供加工、修理修配劳务

这里的"加工"是指接受来料(主要原材料)承做货物,加工后货物所有权仍属于委托者的提供劳务的业务;"修理修配"是指受托对损伤和丧失功能的货物进行修复,使其恢复原状和功能的业务。但是,单位或个体经营者聘用的员工为本单位或雇主提供的加工、修理修配劳务不在增值税征税之列。

3. 进口货物

进口货物是指申报进入中国境内的应税货物,在报关环节,除依法缴纳关税外,还必须缴纳增值税(享受免税政策的货物除外)。

4. 交通运输劳务、现代服务业

交通运输劳务具体是:①陆路运输是指通过陆路运送货物或旅客的运输业务,包括铁路、公路、缆车、索道运输以及其他陆路运输;②水路运输是指通过江、河、湖、川等自然、人工水道或海洋航道运送货物或旅客的运输业务,打捞比照水路运输办法征税;③航空运输是指通过空中航线运送货物或旅客的运输业务以及与航空直接有关的通用航空业务、航空地面服务业务;④管道运输是指通过管道设施输送气体、液体、固体物资的运输业务;⑤装卸搬运是指使用装卸搬运工具或人力、畜力在货物运输之间、装卸现场之间或运输工具与装卸现场之间进行装卸和搬运的业务；⑥铁路运输服务分为中央铁路运营业务、中央地方合资铁路运营业务、地方铁路运营业务和中央新建铁路的临时运营业务。

其中：

远洋运输企业从事的程租、期租业务和航空运输企业从事的湿租业务按"交通运输业"税目征收增值税。

邮政服务，包括传递信函、包裹、汇兑、邮票发行、集邮和邮件运输、报刊发行等邮政业务活动。

研发和技术服务，包括研发服务、技术转让服务、技术咨询服务、合同能源管理服务、工程勘察勘探服务。

信息技术服务，包括软件服务、电路设计及测试服务、信息系统服务和业务流程服务。

文化创意服务，包括设计服务、商标和著作权转让服务、知识产权服务、广告服务和会议展览服务。

物流辅助服务，包括航空服务、港口码头服务、货运客运场站服务、打捞救助服务、货物运输代理服务、代理报关服务、仓储服务和卸载搬运服务。

有形动产租赁服务，包括有形动产融资租赁和有形动产经营性租赁服务，如远洋运输的光租业务、航空运输的干租业务。

咨询鉴证服务，包括认证服务、鉴证服务和咨询服务。

广播影视服务，包括广播影视节目（作品）制作服务、发行服务和播映放映服务。

5. 特殊界定

现实税收实务中某些特殊行为或项目是否属于增值税的征税范围，还需具体规定。

（1）特殊行为界定

视同销售：将货物交付他人代销；销售代销货物；设有两个以上机构并实行统一核算的纳税人，将货物从一个机构移送至其他机构用于销售，但相关机构设在同一县（市）的除外；将自产或委托加工的货物用于非应税项目；将自产、委托加工或购买的货物作为投资，提供给其他单位或个体经营者；将自产、委托加工或购买的货物分配给股东或投资者；将自产、委托加工的货物用于集体福利或个人消费；将自产、委托加工或购买的货物无偿赠送他人。以上八种行为，均征收增值税。做出这样的规定，是为了防止通过这些行为逃避纳税，造成税基被侵蚀，税款流失；也避免税款抵扣链条中断，导致各环节之间税负不均衡。

混合销售是指一项销售行为同时涉及货物和非增值税应税劳务。从事货物的生产、批发或零售为主营业务的企业，企业性的单位以及个体经营者发生混合销售货物，视为增值税混合销售，征收增值税，而其他的混合则不征收增值税。增值税混合销售行为中，存在两类经营项目的混合，二者是从属关系，并且销售业务是主营业务。特殊规定：销售自产货物并同时提供建筑业劳务的行为分别核定增值税销售额和非增值税销售额；林木销售以及同时提供林木管护行为的属于增值税征税范围。

兼营销售是指销售和应税劳务又兼营非应税项目。如果不分别核算或者不能准确核算货物或应税劳务的销售额和非应税劳务的营业额的，其非应税劳务与货物或应税劳务一并征收增值税。

（2）特殊项目界定

货物期货（包括商品期货和贵金属期货），征收增值税，在期货的实物交割环节缴纳。

典当业的死当物品销售业务和寄售业代委托人销售寄售物品的业务，征收增值税。

基建单位和建安企业附设工厂、车间自产水泥预制构件、其他构件，征增值税；在建筑现场制造的用于本单位或本企业建筑工程的，不征增值税。

电力公司向发电企业收取的过网费，征增值税。

执法部门和单位拍卖查处商品，符合规定的，不征增值税。

对从事热力、电力、燃气、自来水等公用事业的增值税纳税人收取的一次性费用，凡与货物的销售数量有直接关系的，征增值税。

纳税人销售货物的同时代办保险而向购买方收取的保险费，以及从事汽车销售的纳税人向购买方收取的代购买方缴纳的车辆购置税、牌照费，不作为价外费用征收增值税。

商业企业向供货方收取的与商品销售量、销售额挂钩的各种返还收入，按照平销返利行为的有关规定冲减当期增值税进项税额，征收增值税。

(二)纳税义务人

1. 纳税义务人认知

纳税义务人是指在中华人民共和国境内销售货物或加工、修理修配劳务以及进口货物的单位和个人。"单位"包括国有企业、集体企业、私有企业、股份制企业、外商投资企业、外国企业、其他企业和行政单位、事业单位、社会团体、军事单位、其他单位;"个人"包括个体经营者及个人,企业租赁或承包给他人经营的,以承租人或承包人为纳税义务人。

2. 纳税义务人分类

根据生产经营者规模及财务核算的健全程度,分为一般纳税人和小规模纳税人。

(1) 小规模纳税人

界定增值税小规模纳税人有下面两条标准,符合其中之一的,认定为小规模纳税人。

小规模纳税人是指应税销售额在规定标准之下,并且会计核算不健全(不能准确核算增值税的销项税额、进项税额和应税税额),不能按规定报送税务资料的增值税纳税人。

应税销售额认定标准:商业企业以外的企业(工业企业和其他企业)从事货物生产或提供应税劳务的纳税人以及以从事货物生产或提供应税劳务为主,并兼营货物批发或零售的纳税人,年应税销售额在50万元(含本数)以下的。商业企业(包括批发和零售企业)从事货物批发或零售的纳税人,年应税销售额在80万元(含本数)以下的。

另外,年应税销售额超过小规模纳税人标准的以下三种情况也视同小规模纳税人进行纳税:①个人(除个体经营者以外的其他个人)、非企业性单位、不经常发生增值税应税行为的企业,也视同小规模纳税人;②对于全部销售免税货物的企业,一律不得认定为一般纳税人;③旅店业和饮食业纳税人销售非现场消费的食品,属于不经常发生增值税应税行为的,可以选择按小规模纳税人缴纳增值税(2013年5月1日实施)。

对小规模纳税人,由主管税务机关依照税法规定的标准认定。纳税人一经认定为一般纳税人就不得再转为小规模纳税人。

（2）一般纳税人

增值税一般纳税人是指年应税销售额（包括一个公历年度内的全部应征增值税的销售额）超过增值税暂行条例规定的小规模纳税人标准的企业和企业性单位。未超过标准的商业企业以外的其他小规模企业，只要会计核算健全，能准确核算并提供销项税额、进项税额的，可以申请办理一般纳税人认定手续。

三、增值税税率和征收率

（一）基本税率

增值税一般纳税人除低税率适用范围和销售个别旧货适用征收率外，税率一律为17%。

（二）低税率

增值税一般纳税人销售或者进口下列货物，按低税率计征增值税，低税率为13%。

食用植物油；暖气、冷气、热水、煤气、石油液化气、天然气、沼气、居民用煤炭制品、自来水（通过供水系统向用户供应的水）；图书、报纸、杂志；饲料、化肥、农药、农机（不包括农机配件）、农膜；食用盐；音像制品和电子出版物；农业产品，种植业、养殖业、林业、牧业、水产业生产的各种植物、动物的初级产品；二甲醚。

（三）征收率

2009年1月1日起，小规模纳税人的增值税征收率为3%。

纳税人销售自己使用过的物品，按下列政策执行：一般纳税人销售自己使用过的不得抵扣且未抵扣进项税额的固定资产，按简易办法依4%征收率减半征收增值税。小规模纳税人（除个人外，下同）销售使用过的固定资产，减按2%的征收率征收增值税；销售自己使用过的除固定资产以外的物品，按3%征收率征收增值税。

纳税人销售旧货，按简易办法依照3%的征收率减按2%征收增值税。另外，对卫生防疫站调拨生物制品和药械，按3%的征收率征收增值税；对寄售商店代销寄售物品、典当业销售死当物品，以及经有权机关批准的免税商店零售免税商品，也按3%的征收率计算纳税。

（四）"营改增"的增值税税率

提供有形动产租赁服务，税率为17%。提供交通运输业服务，税率为11%。提供现代服务业（有形动产租赁除外），税率为6%。

基础电信服务，税率为11%；增值电信服务，税率为6%。

四、增值税的计税依据与应纳税额的计算

（一）计税依据

1. 一般销售的计税依据

（1）应税销售额

增值税以纳税人的销售额作为计税依据。销售额是指纳税人销售或者提供应税服务向购买方（承受应税服务也视为购买方）所收取的全部价款和价外费用（价外收入），但不包括销项税额。

这里价外费用是指价外向购买方收取的手续费、补贴、基金、集资费、返还利润、奖励费、违约金（延期付款利息）、包装费、包装物租金、储备费、运输装卸费、代收款项、代垫款项及其他各种性质的价外费用。但不包括下列项目：向购买方收取的销项税额；受托加工应征消费税的消费品所代收代缴的消费税；同时符合以下条件的代垫运费：承运者的运费发票开具给购货方的；纳税人将该项发票转交给购货方的。

（2）应税销售额与含税销售额的换算

一般纳税人应税销售额换算公式：应税销售额＝含税销售额÷（1+税率）

小规模纳税人应税销售额换算公式：应税销售额＝含税销售额÷（1+征收率）

2. 特殊销售方式计税依据

一般销售形式外还有折扣销售、以旧换新销售、以物易物销售、还本销售等。

（1）折扣销售

销货方在销售货物或应税劳务时，因购货方购货数量较大等原因而给购货方的价格优惠（如购买5件，销售价格折扣10%；购买10件，折扣20%），折扣与销售同时发生。税法规定，销售额和折扣额在同一张发票上分别注明的，可按折扣后的余额作为销售额计算增值税。折扣销售与销售折扣和销售折让不同，销售折扣是指销货方在销售货物或提供应税劳务后，为了鼓励购货方及早偿还贷款而协议许诺给予购货方的一种折扣优待（如10天内付款，折扣2%；20天内付款，折扣1%）。销售折让是指货物销售后，由于其品种、质量等原因购货方未予退货，但销货方需给予购货方的一种价格折让。

（2）以旧换新销售

纳税人在销售自己的货物时，有偿收回旧货物的行为。税法规定，按新货物的同期销售价格确定销售额，不得扣减旧货物的收购价格，金银首饰以旧换新业务另有规定除外。

（3）还本销售

纳税人在销售货物后，到一定期限由销售方一次或分次退还给购货方全部或部分价款。税法规定，其销售额就是货物的销售价格，不得从销售额中减除还本支出。

（4）以物易物销售

购货双方不是以货币计算，而是以同等价款的货物相互结算，实现货物购销的一种方式。税法规定，以物易物的双方都做购销处理，以各自发出的货物核算销售额并计算销项税额，以各自收到的货物按规定核算购货额并计算进项税额。

（5）直销

企业中通过直销员向消费者销售货物、直接向消费者收取货款，直销企业的销售额为其向消费者收取的全部价款和价外费用。

3. 其他计税依据

（1）包装物押金

税法规定，纳税人在销售货物而出租出借包装物收取的押金，单独记账核算的，时间在1年以内，又未过期的，不并入销售额征税，但因逾期未收回包装物不再退还押金的，按其包装货物的适用税率计算销项税额。这里逾期是指按合同约定实际逾期或以1年为期限对收取1年以上的押金，无论是否退还均并入销售额征税，不过要折算成不含税价格。

（2）旧货、旧机动车的销售

2014年7月1日起，所有增值税纳税人，销售旧货一律按3%征收率减按2%征收，不得抵扣进项税额。纳税人销售自己使用过的机动车、摩托车、游艇，售价超过原值的，按3%征收率减按2%征收；未超过原值的，不征增值税。旧机动车经营单位销售机动车、摩托车、游艇，按3%征收率减按2%征收。

（3）视同销售行为的销售额的确定

税法对视同销售行为中不以资金的形式反映，而出现无销售额的现象的，按下列顺序确定其销售额：按纳税人当月同类货物的平均售价；按纳税人最近时期同类货物的平均售价；按组成计税价格确定，组成计税价格=成本×（1+成本利润率）；征收增值税的货物同时又征收消费税的，组成计税价格=成本×（1+成本利润率）+消费税税额，或者组成计税价格=成本×（1+成本利润率）+（1－消费税税率）。

（二）销项税额与进项税额

1. 销项税额

销项税额是一般纳税人销售货物或者应税劳务，按照销售额和条例规定的税率计算并向购买方收取的增值税税额。销项税额在增值税专用发票"税额"栏中填写。

销项税额的计算公式为：销项税额=应税销售额×税率

这里的应税销售额不包括收取的销项税额。

2. 进项税额

进项税额是一般纳税人购进货物或者接受应税劳务，所支付或者负担的增值税额。实际中，销售方收取的销项税额就是购买方支付的进项税额。增值税的核心就是用纳税人的进项税额抵扣其所支付的销项税额，其余额为纳税人实际应缴纳的增值税税额。但是，并不是纳税人的所有进项税额都从销项税额中抵扣。当纳税人购进的货物或接受的应税劳务不是用于增值税应税项目，而是用于非应税项目、免税项目或用于集体福利、个人消费等情况时，其支付的进项税额不能从销项税额中抵扣。

（1）准予从销项税额中抵扣的进项税额

从销售方取得的增值税专用发票上注明的增值税额；从海关取得的完税凭证上注明的增值税额；购进农业生产者生产的农业产品或向小规模纳税人购买的农业产品，其买价为仅限于经主管税务机关批准使用的收购凭证上注明的价款。这里的农产品是指直接从事植物的种植、收割和动物的饲养、捕捞的单位和个人销售的自产农业产品。

增值税一般纳税人外购货物所支付的运输费用，在营业税改征增值税以前接受的运输劳务，根据运费结算单据（普通发票）所列运费金额，依7%的扣除率计算进项税额，准予扣除，但随同运费支付的装卸费、保险费等其他杂费不得计算扣除进项税额；在营业税改征增值税以后接受的运输服务，按照从运输劳务提供方开具的增值税专用发票注明的增值税额，确定准予从销项税额中抵扣的进项税额。

从事废旧物资经营的增值税一般纳税人收购的废旧物资不能取得增值税专用发票的，根据经主管税务机关批准使用的收购凭证上注明的收购金额，依10%的扣除率计算进项税额，予以扣除。

企业初次购置增值税防伪税控系统专用设备和通用设备及以后的技术维护费，可凭购货所得的专用发票所注明的税额从增值税销项税额中抵扣。

提供应税服务终止、折让：因终止、折让而退还给购买方的增值税额，应从当期的销项税额中扣减。

（2）不得从销项税额中抵扣的进项税额

用于适用简易计税方法计税项目。用于非增值税应税项目的购进货物或应税劳务。非应税项目是指提供非应税劳务（不缴纳增值税）、转让无形资产（专利技术、非专利技术、商誉、商标、著作权除外）、销售不动产和不动产在建工程等，但确定为征收增值税的混合销售行为或兼营非应税劳务行为时，混合销售或兼营行为中非应税劳务的购进货物或应税劳务的进项税额，可以抵扣。

用于免税项目。其中法定免税项目是指：农业生产者销售的属于税法规定范围的自产农业产品；避孕药品和用具；古旧图书（指向社会收购的古书和旧书）；直接用于科学研究、科学实验和教学的进口仪器、设备；外国政府、国际组织无偿援助的进口物资和设备；对符合国家产业政策要求的国内投资项目，在投资总额内进口的自用设备（有特殊规定的除外）；由残疾人组织直接进口供残疾人专用的物品；个人（不包括个体经营者）销售自己使用过（游艇、摩托车、汽车除外）的物品。还有其他免税项目，如国务院对粮食和食用植物油、农业生产资料以及军队军工系统的军需品等相关规定实行的减免等。

用于集体福利或者个人消费的购进货物或应税劳务。非正常损失的购进货物及相关的加工修理修配劳务、交通运输业服务和邮政业服务。非正常损失是指生产经营过程中正常损耗外的损失——自然灾害损失，因管理不善造成货物被盗、发生霉烂变质等损失，其他非正常损失。

非正常损失（含义同上）的在产品、产成品所耗用的购进货物（不包括固定资产）加工修理修配劳务、交通运输业服务和邮政业服务。对于纳税人购进货物或应税劳务，未按照规定取得并保存增值税扣除凭证，或者增值税扣税凭证上未按规定注明增值税额及其他有关事项的，其进项税额不得从销项税额中扣除。

（三）应纳税额的计算

1. 一般纳税人应纳税额的计算

公式：应纳税额 = 当期销项税额 − 当期进项税额

注：当期销项税额小于当期进项税额，其不足部分转至下期继续抵扣；"当期"指税务机关依照税法规定对纳税人确定的纳税期限，纳税期限内实际发生的销项税额和进项税额才是当期的。

2. 小规模纳税人应纳税额的计算

公式：应纳增值税税额 = 应税销售额 × 征收率

3.特殊经营行为的税务处理

（1）兼营不同税率和应税劳务的税务处理

纳税人兼营不同税率的货物或应税劳务的，分别核算不同税率货物或应税劳务的销售额。未分别核算销售额的，从高适用税率。

（2）混合销售行为的税务处理

从事货物生产、批发或零售的企业、企业性单位及个体经营者，以及以从事货物的生产、批发或零售为主，并兼营非应税劳务的企业、企业性单位及个体经营者的混合销售行为，视为销售货物，征收增值税；其他单位和个人的混合销售行为，视为销售非应税劳务，不征收增值税。

（3）兼营非应税劳务的税务处理

纳税人兼营非应税劳务的，应分别核算货物或应税劳务和非应税劳务，对货物和应税劳务的销售额按各自适用税率征收增值税，对非应税劳务的销售额（营业额）按使用的税率征收营业税。不分别核算或不能准确核算的，则一并征收增值税。

第二节 消费税

一、消费税概述

（一）消费税的概念

消费税（Consumption Tax）是以消费品或消费行为的流转额为课税对象征收的一种商品流转税，它是对在我国境内从事生产、委托加工和进口应税消费品的单位和个人，依据其销售额和销售数量征收的一种税。消费税税额是价格的组成部分，属于价内税，而且只对14类消费品征收。

消费税有广义和狭义之分、一般与特殊之分。狭义消费税或特殊消费税是指以特定消费品或消费行为为课税对象的一类税，如烟税、酒税、货物税、关税等；广义消费税或一般消费税是指一切以消费品或消费行为作为课税对象的税收，既包括对特定消费品和消费行为的征税，也包括对一般消费品或消费行为的征税，如增值税、营业税等。

（二）消费税征收目的

各国开征消费税的主要目的包括四个方面。

1. 消费税可以体现"寓禁于征"的精神

对社会认为应该加以限制的消费品或消费行为征收高额的税收，体现"寓禁于征"的精神，如对烟、酒等不良消费品征收高额消费税，能起到限制其消费的目的，从而有利于有限资源的优化利用。

2. 消费税还可以对产生外部成本的行为征税，使外部成本转化为内部成本

对产生环境污染的生产经营者，通过征收高税率消费税，不仅可以为整治环境污染筹集资金，还可以促使纳税人采取各种措施，包括减少产量、调整生产经营项目、开发和应用新的治污技术和方法，从而有助于社会经济整体状况的改善，增加全体人民的福利。

3. 实行消费税可以促进收入的公平分配

消费税的征税范围通常是那些低收入者不消费或不经常消费的商品和劳务，按消费价值额和消费量实行比例税率或定额税率，通过间接增加消费者税收负担，抑制高消费，即高收入者比低收入者将承担更多的消费税，有利于调节消费者的收入水平和支付能力，缓解社会分配不公的矛盾。

4. 消费税体现国家消费政策，调整产业结构

开征消费税的主要目的之一，是体现国家的产业政策和消费政策。现行消费税将某些过度消费会损害人类健康和污染环境的消费品，如烟、酒及酒精、鞭炮、焰火列入了征税范围；为了限制集团消费以及某些特殊消费，将摩托车、小汽车、贵重首饰及珠宝玉石列入了征税范围；同时，为了节约一次性能源，限制过量消费，还将汽油、柴油纳入了征税范围；为了防止过度消耗自然资源，保护生态环境，将木制一次性筷子、实木地板列入了征税范围。

（三）消费税的特点

1. 征税范围的选择性较强

以特定消费品为课税对象，我国现行的消费税对14类商品征税，主要涉及某些高档消费品或奢侈品、某些不可再生的资源类消费品以及某些不利于人类健康和社会生态环境的消费品。对这些产品征税对居民的基本生活影响不大，相应地能够抑制不良品的消费，实现资源的有效配置，促进资源合理、高效的使用。

2. 征税环节的单一性

单一环节征税，现行消费税属于单环节征收的商品劳务税，其课征环节一般选择生产经营的起始环节，如生产环节、委托加工环节、进口环节，或者选择最终消费或使用环节，通常不在中间环节征税。单一环节征税的目的在于加强源泉控制，防止税款的流失；此外，还可以减少纳税人的数量，从而降低税收的征纳成本。

3. 从价和从量征税共存

部分应税消费品都以消费品的销售额为计税依据，实行从价定率的征收办法，但对少数价格难以确定或者价格变化较小的消费品则以消费品的实物数量为计税依据，实行从量定额的征收方法，征收方法形式多样，实际灵活。

4. 实行差别税率

我国目前实行的消费税，其税率结构的差异较大，从价征收的消费税税率从3%至56%多档。针对不同的消费者设计多档次、幅度差异大的税率结构，比较能够发挥消费税的调节功能，有利于贯彻国家消费政策。

5. 按销售收入全额征税

按销售收入全额征税，使消费税收入不受商品成本、费用变化的影响，有利于国家稳定地取得财政收入。

6. 属于中央税

无论国内经营环节缴纳的，还是进口环节缴纳的消费税都归中央所有，它不同于增值税,增值税是中央和地方共享税。

二、消费税的征税项目、征税范围、纳税人、使用税率

(一)消费税征税项目

我国现行消费税的征税项目,主要是根据我国目前的经济发展状况和消费政策,人民群众的消费水平和消费结构,以及财政需要而确立的,因而,征收消费税有非常重要的经济和社会意义。

1. 根据征税目的的不同划分

过度消费会对人类的健康、社会秩序、生态环境造成一定危害的消费品,如烟、酒、鞭炮、木制一次性筷子、实木地板等;非生活必需品、奢侈品,如贵重首饰及珠宝玉石、高尔夫球、高档手表、游艇等;高能耗、高档消费品,如摩托车、小汽车;不可再生或不可替代消费品,如成品油等;具有一定财政意义的消费品,如汽车轮胎等。

2. 按消费品的生产、经营方式不同划分

(1)生产应税消费品

生产应税消费品包括直接对外销售应征消费税;纳税人将自产的应税消费品换取生产资料、消费资料、投资入股、偿还债务,以及用于继续生产应税消费品以外的其他方面都应该缴纳消费税。

(2)零售应税消费品

零售应税消费品限于金银首饰消费税。1995年1月1日起,金银首饰消费税由生产销售环节征收改为零售环节征收,这里金银首饰仅限于金基、银基合金首饰以及金、银和金基、银基合金的镶嵌首饰,零售环节税率为5%,计税依据是不含增值税的销售额。对金银首饰生产和销售,应分别核算销售额并征纳消费税。金银首饰与其他产品组成成套消费品销售的,按销售额全额征收消费税。2002年1月1日起,从事钻石及其饰品生产经营业务的,以零售单位和个人为纳税人。

(3)委托加工应税消费品

是指委托方提供原料和主要材料,受托方只收取加工费和代垫部分辅助材料

加工的应税消费品。委托加工应税消费品收回后，再继续用于生产应税消费品销售的，其加工环节缴纳的消费税可以扣除。

（4）进口应税消费品

单位和个人进口货物属于消费税征税范围的，在进口环节缴纳消费税，由海关代征。

（5）批发应税消费品

2009年5月开始对卷烟在批发环节增加一道从价5%的消费税。

（二）消费税征税范围

现行消费税的税目主要包括烟、酒及酒精、化妆品、高尔夫球及球具、高档手表、游艇、木制一次性筷子、实木地板、贵重首饰及珠宝玉石、鞭炮和焰火、成品油、汽车轮胎、摩托车、小汽车等。

①烟是指凡以烟叶为原料加工生产的产品，而不论使用何种辅料。

卷烟包括进口卷烟、白包卷烟、手工卷烟和未经国务院批准纳入计划的企业及个人生产的卷烟。

②酒及酒精。本税目下设粮食白酒、薯类白酒、黄酒、啤酒、其他酒（调味料酒除外）和酒精6个子目。其中，酒是指酒精度在1%vol以上的各种酒类饮料；酒精是指用蒸馏或合成方法生产的酒精度在95度以上的无色透明液体；对饮食业、商业、娱乐业举办的啤酒屋（啤酒坊）利用啤酒生产设备生产的啤酒，应征消费税；以外购酒精为原料，经蒸馏脱水处理后生产的无水乙醇，也属于本税目征税范围。

③化妆品。本税目征税范围包括各类美容、修饰类化妆品和高档护肤类化妆品。美容、修饰类化妆品是指香水、香水精、香粉、口红、指甲油、胭脂、眉笔、唇笔、蓝眼油、眼睫毛、成套化妆品等。而舞台、戏剧、影视演员化妆用的上妆油、卸妆油、油彩则不属于本税目征税范围。高档护肤类化妆品征收范围另行规定。

④高尔夫球及球具。

⑤高档手表，10 000元及以上每只（不含增值税）。

⑥游艇。

⑦木制一次性筷子。经各环节加工而成的各类一次性筷子。

⑧实木地板。经过加工而成的块状或条状的地面装饰材料。

⑨贵重首饰及珠宝玉石。本税目征收范围包括各种金银珠宝首饰和经采掘、打磨、加工的各种珠宝玉石。

⑩鞭炮和焰火。体育上用的发令纸、鞭炮药引线,不按本税目征税。

⑪成品油。其子税目是:汽油(工业汽油即溶剂汽油主要作溶剂使用,不属于本税目征收范围);柴油,2009年1月1日起,其中符合条件的纯生物柴油免征消费税;石脑油;溶剂油;润滑油;燃料油,2009年1月1日起,成品油生产企业在生产成品油过程中,作为燃料、动力及原料消耗掉的自产成品油,免征消费税;航空煤油。溶剂油和润滑油暂按应纳税额的30%征收,航空煤油则暂缓征收。

⑫汽车轮胎。2001年1月起,子午线轮胎免征消费税,翻新轮胎停止征收消费税;农用拖拉机、收割机和手扶拖拉机专用轮胎不征消费税。

⑬摩托车。

⑭小汽车。汽车是指动力驱动,具有4个或4个以上车轮的非轨道式承载的车辆,包括含驾驶员座位在内的最多不超过9个座位(含)的,在设计和技术上用于载运乘客和货物的各类乘用车;含驾驶员在内的座位数在10~23座(含),车身长小于7米的,在设计和技术上用于载运乘客和货物的各类中轻型商用客车。

(三)消费税纳税人

《中华人民共和国消费税暂行条例》规定,在中华人民共和国境内生产、委托加工和进口应税消费品的单位和个人为消费税的纳税人。其中,"单位"是指国有企业、集体企业、私有企业、股份制企业、其他企业和行政单位、事业单位、军事单位、社会团体及其他单位;"个人"是指个体经营者及其他个人。

所谓"中华人民共和国境内"是指生产、委托加工和进口应税消费品的起运地或所在地在境内。

委托加工的应税消费品,由受托方在向委托方交货时代收代缴税款。受托方为消费税法定的代收代缴人;如受托方为个人,则由委托方缴纳。

(四)适用税率的特殊规定

1. 最高税率运用

纳税人兼营不同税率的应税消费品(生产销售两种税率以上的应税消费品)应分别核算,不能分别核算的,按最高税率征税;纳税人将应税消费品以及使用税率不同的应税消费品组成成套消费品销售的,根据成套消费品的销售额按应税消费品中适用最高税率的消费品征税。

2. 卷烟适用税率

卷烟由于接过滤嘴、改变包装或其他原因提高销售价格后,应按照新的销售价格确定征税类别和适用税率。

纳税人自产自用的卷烟应按照纳税人生产的同牌号规格的卷烟销售价确定征税类别和适用税率。没有同牌号规格卷烟售价的,一律按卷烟最高税率征收。

白包卷烟、手工卷烟以及未经国务院批准纳入计划的企业和个人生产的卷烟,一律按56%税率征税。

3. 进口卷烟消费税率

进口卷烟同时征收消费税定额税和从价税,先根据确定消费税适用比例税率的价格确定进口卷烟所适用的消费税税率,再根据组成计税价格和所适用的消费税税率,征收消费税。

三、消费税计税依据、应纳税额的计算方法

(一)计税依据

1. 从价定率计税

实行从价定率计税的应税消费品,其计税依据是:纳税人生产销售应税消费品向购买方收取的全部价款和价外费用(同增值税的情形),即纳税人的全部销售收入额。

2. 从量定额计税

实行从量定额计税的应税消费品，其计税依据是：纳税人生产销售应税消费品的实际数量。

3. 复合税率计征

现行消费税中只有卷烟、粮食、薯类、白酒同时采用定率和定额的复合计征方法。

（二）从价定率计算应纳税额的方法

1. 销售应税消费品的计税方法

在从价定率计算方法下，应纳税额的计算取决于应税消费品的销售额和适用税率两个因素。其计算公式为：应纳税额＝应税消费品的销售额×适用税率

（1）销售额的确定

销售额为纳税人销售应税消费品向购买方收取的全部价款和价外费用，包括消费税但不包括增值税。

价外费用不包括承运部门的运费发票开给购货方的，纳税人将该项发票转交给购货方的。

其他价外费用，无论是否属于纳税人的收入，均应并入销售额计算征税。

（2）包装物押金的处理

包装物不作价随同产品销售，而是收取押金，且单独核算又未过期的，此项押金则不应并入应税消费品的销售额中征收。

逾期未收回的、不再退还的和已收取1年以上的包装物押金，应并入应税消费品的销售额，按照应税消费品的适用税率征收消费税。

既作价随同产品销售，又另外收取包装物押金的，凡纳税人在规定的期限内不予退还的，均应并入应税消费品的销售额，按照应税消费品的适用税率征收消费税。

酒类产品生产企业销售酒类产品而收取的包装物押金，无论押金是否返还与会计上如何核算，均须并入酒类产品的销售额中，依酒类产品的适用税率征收消费税。

（3）含增值税销售额的换算

换算公式：应税消费品的销售额＝含增值税的销售额÷（1+增值税税率或征收率）

2. 自产自用应税消费品的计税方法

有同类消费品销售价格的，其应纳税额计算公式为：

应纳税额＝同类消费品销售单价×自产自用数量×适用税率

没有同类消费品销售价格的，按组成计税价格计算纳税，计算公式为：

组成计税价格＝（成本+利润）÷（1－消费税税率）

应纳税额＝组成计税价格×适用税率

3. 委托加工应税消费品的计税方法

有同类消费品销售价格的，其应纳税额计算公式为：

应纳税额＝同类消费品销售单价×委托加工数量×适用税率

没有同类消费品销售价格的，按组成计税价格计算纳税，计算公式为：

组成计税价格＝（材料成本+加工费）÷（1－消费税税率）

应纳税额＝组成计税价格×适用税率

4. 进口应税消费品的计税方法

组成计税价格＝（关税完税价格+关税税额）÷（1－消费税税率）

应纳税额＝组成计税价格×适用税率

公式中的"关税完税价格"，是指经海关审定的关税计税价格。

（三）从量定额计算应纳税额的方法

从量定额计算应纳税额的基本公式：

应纳税额＝应税消费品的销售数量×单位税额

销售数量的确定：

销售应税消费品的，为应税消费品的销售数量。

自产自用应税消费品的，为应税消费品的移送数量。

委托加工应税消费品的，为纳税人收回的应税消费品数量。进口的应税消费品，为海关核定的应税消费品进口数量。

第三节 资源税与行为税

一、资源税

（一）资源税的概念

资源税（Resource Tax）是对在我国领域及管辖海域开采应税矿产品以及生产盐的单位、个人征收的一种税，属于对自然资源占用课税的范畴。根据党中央、国务院的决策部署，自2016年7月1日起全面推进资源税改革。

（二）资源税的纳税人

资源税的纳税义务人是指在中华人民共和国领域及管辖海域开采本条例规定的矿产品或者生产盐（以下简称开采或者生产应税产品）的单位和个人。其中，单位是指企业、行政单位、事业单位、军事单位、社会团体及其他单位；个人是指个体工商户和其他个人。

矿产品资源以独立矿山、联合企业和其他收购未税矿产品的单位为扣缴义务人。

（三）资源税的征税范围

①原油，是指开采的天然原油，不包括人造石油。
②天然气，是指专门开采或者与原油同时开采的天然气。
③煤炭，包括原煤和以未税原煤加工的洗选煤。
④稀土、钨、钼。
⑤金属矿。
⑥非金属矿。
⑦海盐。
⑧水，包括地表水和地下水。水资源税实行从量计征。自2016年7月1日起

在河北省实施水资源税改革试点。

各省、自治区、直辖市（以下统称省级）人民政府可以结合本地实际，根据森林、草场、滩涂等资源开发利用情况提出征收资源税的具体方案建议，报国务院批准后实施。

（四）资源税的应纳税额的计算

1. 资源税的税率

对《资源税税目税率幅度表》中列举名称的资源品目，由省级人民政府在规定的税率幅度内提出具体适用税率建议，报财政部、国家税务总局确定核准。对未列举名称的其他金属和非金属矿产品，由省级人民政府根据实际情况确定具体税目和适用税率，报财政部、国家税务总局备案。我国的资源税采取的是有幅度的比例税率和定额税率。

2. 资源税的计税依据

资源税的计税依据为应税产品的销售额或销售量，各税目的征税对象包括原矿、精矿（或原矿加工品，下同）、金锭、氯化钠等初级产品，具体按照《关于全面推进资源税改革的通知》所附《资源税税目税率幅度表》相关规定执行。对未列举名称的其他矿产品，省级人民政府可对本地区主要矿产品按矿种设定税目，对其余矿产品按类别设定税目，并按其销售的主要形态（如原矿、精矿）确定征税对象。

（1）关于销售额的认定

销售额是指纳税人销售应税产品向购买方收取的全部价款和价外费用，不包括增值税销项税额和运杂费用。

运杂费用是指应税产品从坑口或洗选（加工）地到车站、码头或购买方指定地点的运输费用，建设基金以及随运销产生的装卸、仓储、港杂费用。运杂费用应与销售额分别核算，凡未取得相应凭据或不能与销售额分别核算的，应当一并计征资源税。

（2）关于原矿销售额与精矿销售额的换算或折算

为公平原矿与精矿之间的税负，对同一种应税产品，征税对象为精矿的，纳税人销售原矿时，应将原矿销售额换算为精矿销售额缴纳资源税；征税对象为原矿的，纳税人销售自采原矿加工的精矿，应将精矿销售额折算为原矿销售额缴纳资源税。换算比或折算率原则上应通过原矿售价、精矿售价和选矿比计算，也可通过原矿销售额、加工环节平均成本和利润计算。

金矿以标准金锭为征税对象，纳税人销售金原矿、金精矿的，应比照上述规定将其销售额换算为金锭销售额缴纳资源税。

换算比或折算率应按简便可行、公平合理的原则，由省级财税部门确定，并报财政部、国家税务总局备案。

（3）资源税应纳税额的计算

资源税的应纳税额，按照从价定率或者从量定额的办法，分别以应税产品的销售额乘以纳税人具体适用的比例税率，或者以应税产品的销售数量乘以纳税人具体适用的定额税率计算。

纳税人按照应税产品销售额计税的，其计算公式为：

应纳税额=销售额×比例税率

纳税人按照应税产品销售数量计税的，其计算公式为：

应纳税额=销售数量×定额税率

（4）资源税的减免税规定

对依法在建筑物下、铁路下、水体下通过充填开采方式采出的矿产资源，资源税减征50%。充填开采是指随着回采工作面的推进，向采空区或离层带等空间充填废石、尾矿、废渣、建筑废料以及专用充填合格材料等采出矿产品的开采方法。

对实际开采年限在15年以上的衰竭期矿山开采的矿产资源，资源税减征30%。衰竭期矿山是指剩余可采储量下降到原设计可采储量的20%（含）以下或剩余服务年限不超过5年的矿山，以开采企业下属的单个矿山为单位确定。

对鼓励利用的低品位矿、废石、尾矿、废渣、废水、废气等提取的矿产品，由省级人民政府根据实际情况确定是否给予减税或免税。

纳税人用已纳资源税的应税产品进一步加工应税产品销售的，不再缴纳资源税。纳税人以未税产品和已税产品混合销售或者混合加工为应税产品销售的，应当准确核算已税产品的购进金额，在计算加工后的应税产品销售额时，准予扣减已税产品的购进金额；未分别核算的，一并计算缴纳资源税。

（五）资源税的纳税义务发生时间

纳税人销售应税产品，其纳税义务发生时间规定如下：一是纳税人采取分期收款结算方式的，其纳税义务发生时间为销售合同规定的收款日期的当天；二是纳税人采取预收货款结算方式的，其纳税义务发生时间为发出应税产品的当天；三是纳税人采取其他结算方式的，其纳税义务发生时间为收讫销售款或者取得索取销售款凭据的当天；四是纳税人自产自用应税产品的纳税义务发生时间，为移送使用应税产品的当天；五是扣缴义务人代扣代缴税款的纳税义务发生时间，为支付货款的当天。

（六）资源税的纳税期限

纳税人的纳税期限为1日、3日、5日、10日、15日或者1个月，由主管税务机关根据实际情况具体核定。不能按固定期限计算纳税的，可以按次计算纳税。

纳税人以1个月为一期纳税的，自期满之日起10日内申报纳税；以1日、3日、5日、10日或者15日为一期纳税的，自期满之日起5日内预缴税款，于次月1日起10日内申报纳税并结清上月税款。

（七）资源税的纳税环节和纳税地点

资源税在应税产品的销售或自用环节计算缴纳。以自采原矿加工精矿产品的，在原矿移送使用时不缴纳资源税，在精矿销售或自用时缴纳资源税。

纳税人以自采原矿加工金锭的，在金锭销售或自用时缴纳资源税。纳税人销售自采原矿或者自采原矿加工的金精矿、粗金，在原矿或者金精矿、粗金销售时缴纳资源税，在移送使用时不缴纳资源税。

以应税产品投资、分配、抵债、赠予、以物易物等，视同销售，依照本通知有关规定计算缴纳资源税。

纳税人应当向矿产品的开采地或盐的生产地缴纳资源税。纳税人在本省、自治区、直辖市范围开采或者生产应税产品，其纳税地点需要调整的，由省级地方税务机关决定。

二、土地增值税

（一）土地增值税的概念

土地增值税是指对有偿转让土地使用权及地上建筑物和其他附着物产权，取得增值收入的单位和个人征收的一种税。土地增值税的作用主要表现在以下三个方面：一是增强国家对房地产开发和房地产市场的调控力度；二是抑制炒买炒卖土地投机获取暴利的行为；三是规范国家参与土地增值收益的分配方式，增加国家财政收入。

（二）土地增值税的纳税人

土地增值税的纳税义务人是转让国有土地使用权、地上建筑物和其他附着物产权的单位和个人。其中，单位包括各类企事业单位、国家机关、社会团体及其他组织；个人包括自然人和个体经营者等。

（三）土地增值税的征收范围

1. 征税范围

根据《中华人民共和国土地增值税暂行条例》（以下简称《土地增值税暂行条例》）及其实施细则的规定，土地增值税的征收范围包括有偿转让国有土地使用权及地上附着物产权。

转让国有土地使用权是指纳税人在取得按国家法律规定属于国家所有的土地使用权之后，再次转让的行为。

地上的建筑物及其附着物连同国有土地使用权一并转让。"地上建筑物"是指建于土地上的一切建筑物，包括地上、地下的各种附属设施。"附着物"是指附着于土地上的、不能移动或一经移动即遭损坏的物品。

2. 征税范围的界定标准

在土地增值税的计算过程中如何准确界定其征收范围是一个非常关键的问题，我们可以根据以下三条标准来界定：一是转让的土地使用权必须是国家所有；二是土地使用权、地上建筑物及其附着物的产权必须发生转让；三是必须取得转让收入。

3. 若干具体情况的判定

以出售方式转让国有土地使用权、地上建筑物以及附着物的，应该缴纳土地增值税。

以继承、赠与方式转让房地产的，这种情况因其只发生房地产产权的转让，没有取得相应的收入，属于无偿转让房地产的行为，所以不能将其纳入土地增值税的征收范围。

房地产出租。出租人取得了收入，但没有发生房地产产权的转让，不属于征收土地增值税的范围。

房地产抵押。在抵押期间不征收土地增值税。待抵押期满后，视该房地产是否转移产权来确定是否征收土地增值税。对于以房地产抵债而发生房地产产权转让的，属于征收土地增值税的范围。

房地产的交换。由于这种行为既发生了房产产权、土地使用权的转移，交换双方又取得了实物形态的收入，应当征收土地增值税，但对于个人之间交换自有居住的房地产，经当地税务机关核实可以免征土地增值税。

以房地产进行投资、联营。对于以房地产进行投资、联营的工业企业，投资、联营的一方以土地、房地产作价入股进行投资或作为联营条件，将房地产转让到所投资、联营的企业中时，暂免征收土地增值税。对投资、联营企业将上述房地产再转让的，应征收土地增值税。

合作建房。对于一方出地，一方出资金，双方合作建房，建成后按比例分房自用的，暂免征收土地增值税；建成后转让的，应征收土地增值税。

企业兼并转让房地产。在企业兼并中，对被兼并企业将房地产转让到兼并企业中的，暂免征收土地增值税。

房地产的评估增值。没有发生房地产权属的转让，不属于征收土地增值税的范围。

房地产的代建房行为。这种情况是指房地产开发公司代客户进行房地产的开发，开发完成后向客户收取代建收入的行为，由于没有发生房地产的权属的转移，故不属于土地增值税的范畴。

国家收回国有土地使用权、征用地上建筑物及附着物。国家收回或征用，虽然发生了权属的变更,原房地产所有人也取得了收入,但按照《土地增值税暂行条例》的有关规定,可以免征土地增值税。

(四)土地增值税应税收入的确定

根据《土地增值税暂行条例》及其实施细则的规定,纳税人转让房地产取得的应税收入,应包括转让房地产的全部价款及有关的经济利益。从其收入的形式来看,应包括货币收入、实物收入和其他收入。

(五)土地增值税的扣除项目的确定

计算土地增值税应纳税额并不是直接针对转让房地产所取得的收入征税,而是要对收入额减除国家规定的各项扣除项目金额后的余额计算征收。因此,要计算增值额首先要确定扣除项目,税法规定可以扣除的项目有以下五个方面。

1. 取得土地使用权所支付的金额

取得土地使用权所支付的金额包括下面两项内容。一是纳税人为取得土地使用权所支付的地价款,如是以协议、招标、拍卖等出让方式取得的土地使用权,地价款为纳税人所支付的土地出让金;如是以行政划拨方式取得土地使用权的,地价款为按照国家有关规定补缴的土地出让金;如是以转让方式取得土地使用权的,地价款为向原土地使用权人实际支付的地价款。二是纳税人在取得土地使用权时按照国家统一规定缴纳的有关费用,如有关登记费、过户手续费等。

2. 房地产的开发成本

房地产开发成本是指纳税人房地产开发项目实际发生的成本,包括土地的征用及拆迁补偿费、前期工程费、建筑安装工程费、基础设施费、公共配套设施费、开发间接费用。

土地征用及拆迁补偿费,包括土地征用费、耕地占用税、劳动力安置费及有关地上、地下附着物拆迁补偿的净支出、安置动迁用房支出等。

前期工程费,包括规划、设计、项目可行性研究和水文、地质、勘察、测绘、"三通一平"等支出。

建筑安装工程费是指以出包方式支付给承包单位的建筑安装工程费,以自营方式发生的建筑安装工程费。

基础设施费，包括开发小区内道路、供水、供电、供气、排污、排洪、通信、照明、环卫、绿化等工程发生的支出。

公共配套设施费，包括不能有偿转让的开发小区内公共配套设施发生的支出。

开发间接费用是指直接组织、管理开发项目发生的费用，包括工资、职工福利费、折旧费、修理费、办公费、水电费、劳动保护费、周转房摊销等。

3. 房地产的开发费用

房地产的开发费用是指与房地产开发项目有关的销售费用、管理费用、财务费用。

财务费用中的利息支出，凡能够按转让房地产项目计算分摊并提供金融机构证明的，允许据实扣除，但最高不能超过按商业银行同类同期贷款利率计算的金额。

此外，财政部、国家税务总局还对扣除项目金额中利息支出的计算问题做了两项专门规定：一是利息的上浮幅度按国家有关规定执行，超过上浮幅度的部分不允许扣除；二是对于超过贷款期限的利息部分和加罚的利息不允许扣除。

4. 与转让房地产有关的税金

与转让房地产有关的税金是指在转让房地产时缴纳的营业税、城市维护建设税、印花税。因转让房地产缴纳的教育费附加，也可视同税金予以扣除。

需要指出的是，房地产开发企业按照《施工、房地产开发企业财务制度》有关规定，其在转让时缴纳的印花税因列入管理费用，所以在此不允许单独扣除。其他纳税人缴纳的印花税（按产权转移书据所载金额的5‰）允许扣除。

5. 旧房及建筑物的评估价格

旧房及建筑物的评估价格是指在转让已使用的房屋及建筑物时，由政府批准设立的房地产评估机构评定的重置成本价乘以成新度折扣率后的价格。评估价格须经当地税务机关确认。

纳税人转让旧房及建筑物，凡不能取得评估价格，但能提供购房发票的，经当地税务部门确认《中华人民共和国土地增值税暂行条例》第六条第（一）（三）项规定的扣除项目的金额，可按发票所载金额并从购买年度起至转让年度止每年加计5%计算。对纳税人购房时缴纳的契税，凡能提供契税完税凭证的，准予作为"与转让房地产有关的税金"予以扣除，但不作为加计5%的基数。

对于转让旧房及建筑物，既没有评估价格，又不能提供购房发票的，地方税务机关可以根据《中华人民共和国税收征收管理法》第三十五条的规定，实行核定征收。

另外，纳税人成片受让土地使用权后，分期分批开发、转让房地产的，其扣除项目金额的确定，可按转让土地使用权的面积占总面积的比例计算分摊，或按建筑面积计算分摊，也可按税务机关确认的其他方式计算分摊。

（六）土地增值税的增值额的确定

土地增值税的增值额是指纳税人转让房地产所取得的收入减除规定的扣除项目金额后的余额，由于计算土地增值税是以增值额与扣除项目金额的比率大小按相适用的税率累进计算征收的，增值额与扣除项目金额的比率越大，适用的税率越高，缴纳的税款越多，因此，准确地核算增值额是很重要的。当然，准确地核算增值额，还需要有准确的房地产转让收入额和扣除项目的金额。在实际房地产交易活动中，有些纳税人由于不能准确提供房地产转让价格或扣除项目金额，致使增值额不准确，直接影响应纳税额的计算和缴纳。因此，纳税人有下列情形之一的，按照房地产评估价格计算征收：一是隐瞒、虚报房地产成交价格的；二是提供扣除项目金额不实的；三是转让房地产的成交价格低于房地产评估价格，又无正当理由的。

这里所说的"房地产评估价格"，是指由政府批准设立的房地产评估机构根据相同地段、同类房地产进行综合评定的价格。

这里所说的"隐瞒、虚报房地产成交价格"，是指纳税人不报或有意低报转让土地使用权、地上建筑物及其附着物价款的行为。应由评估机构参照同类房地产的市场交易价格进行评估。税务机关根据评估价格确定转让房地产的收入。

这里所说的"提供扣除项目金额不实的"，是指纳税人在纳税申报时不据实提供扣除项目金额的行为。应由评估机构按照房屋重置成本价乘以成新度折扣率计算的房屋成本价和取得土地使用权时的基准地价进行评估。税务机关根据评估价格确定扣除项目金额。

这里所说的"转让房地产的成交价格低于房地产评估价格，又无正当理由的"，是指纳税人申报的转让房地产的实际成交价低于房地产评估机构评定的交易价，纳税人又不能提供凭据或无正当理由的行为。由税务机关参照房地产评估价格确定转让房地产的收入。

（七）土地增值税的应纳税额的计算

土地增值税按照纳税人转让房地产所取得的增值额和规定的税率计算征收。其计算公式为：

应纳税额=∑（每级距的土地增值额×适用税率）

即

增值额不超过扣除项目50%的土地增值税=增值额×30%

增值额超过扣除项目50%不超过扣除项目100%的土地增值税=增值额×40%

增值额超过扣除项目100%不超过扣除项目200%的土地增值税=增值额×50%

增值额超过扣除项目200%的土地增值税=增值额×60%

除此之外，也可根据速算扣除系数的方法来计算应纳的土地增值税，即按照总的增值额乘以适用税率，减去扣除项目金额乘以速算扣除系数的简单方法，直接计算土地增值税的应纳税额。

应纳税额=土地增值额×适用税率－扣除项目金额×速算扣除系数

（八）土地增值税的纳税地点

土地增值税的纳税人应向房地产所在地主管税务机关办理纳税申报，并在税务机关核定的期限内缴纳土地增值税，这里所说的房地产所在地是指房地产的坐落地。如出现房地产坐落地在两处或两处以上的地点，应根据具体的情况进行处理：若纳税人是法人，应向房地产坐落地所管辖的税务机关申报纳税；若纳税人是自然人，应向办理过户手续所在地的税务机关申报纳税。

（九）土地增值税的纳税时间

对土地增值税而言，由于其转让方式的不一致性，造成了其纳税申报的时间也有所差异。

1. 以一次交割、付清价款方式转让房地产的

以一次交割、付清价款方式转让房地产的，主管税务机关可在纳税人办理纳税申报后，根据其应纳税额的大小及向有关部门办理过户、登记手续的期限等，规定其在办理过户、登记手续前数日内一次性缴纳全部土地增值税。

2. 以分期收款方式转让房地产的

以分期收款方式转让房地产的，主管税务机关可根据合同规定的收款日期来确定具体的纳税期限。

3. 项目全部竣工结算前转让房地产的

项目全部竣工结算前转让房地产的，可以预征土地增值税，待该项目全部竣工、办理结算后再进行清算。

三、车辆购置税

（一）车辆购置税的概念

车辆购置税是以在中国境内购置车辆为课税对象，在特定的环节向车辆购置者征收的一种税。我国现行《车辆购置税征收管理办法》已经于2014年11月25日在国家税务总局第3次局务会议审议通过，自2015年2月1日起施行。车辆购置税由国家税务总局征收，所得收入归中央政府所有，专门用于交通事业建设。

（二）车辆购置税的纳税义务人

在中华人民共和国境内购买、进口、自产、受赠、获奖或者以其他方式取得并自用应税车辆的单位和个人，为车辆购置税的纳税人。

车辆购置税实行一车一申报制度。纳税人办理纳税申报时应如实填写《车辆购置税纳税申报表》，同时提供以下资料：纳税人身份证明；车辆价格证明；车辆合格证明；税务机关要求提供的其他资料。需要提供的证件包括以下四个方面。

1. 纳税人身份证明

内地居民提供内地居民身份证（含居住、暂住证明）或居民户口簿或军人（含武警）身份证明。

中国的香港、澳门特别行政区和中国台湾地区居民，提供入境的身份证明和居留证明。

外国人提供入境的身份证明和居留证明。组织机构提供《组织机构代码证书》。

2. 车辆价格证明

境内购置车辆提供统一发票（发票联和报税联）或有效凭证。

进口自用车辆提供《海关关税专用缴款书》《海关代征消费税专用缴款书》或海关《征免税证明》。

3. 车辆合格证明

国产车辆提供整车出厂合格证明（以下简称合格证）。

进口车辆提供《中华人民共和国海关货物进口证明书》或《中华人民共和国海关监管车辆进（出）境领（销）牌照通知书》或《没收走私汽车、摩托车证明书》。

4. 税务机关要求提供的其他资料

车购办要妥善保管、使用从交通部门移交过来的所有档案。车购办依据档案办理车辆的过户、转籍、变更手续。

（三）车辆购置税的征税范围

车辆购置税的征税范围是汽车、摩托车、电车、挂车、农用运输车。其中，汽车包括各类汽车；摩托车包括轻便摩托车、二轮摩托车和三轮摩托车；电车包括无轨电车和有轨电车；挂车包括全挂车和半挂车；农用运输车包括三轮农用运输车和四轮农用运输车。

（四）车辆购置税的应纳税额的计算

1. 车辆购置税的税率

车辆购置税的税率为10%。车辆购置税征收范围的调整，由国务院决定并公布。

2. 车辆购置税的计税依据

车辆购置税的计税价格根据不同情况，按照下列规定确定。

纳税人购买自用的应税车辆的计税价格，为纳税人购买应税车辆而支付给销售者的全部价款和价外费用，不包括增值税税款。

纳税人进口自用的应税车辆的计税价格的计算公式为：

计税价格＝关税完税价格＋关税＋消费税

纳税人自产、受赠、获奖或者以其他方式取得并自用的应税车辆的计税价格，由主管税务机关参照最低计税价格核定。国家税务总局参照应税车辆市场平均交易价格，规定不同类型应税车辆的最低计税价格。最低计税价格是指国家税务总局依据车辆生产企业提供的车辆价格信息，参照市场平均交易价格核定的车辆购置税计税价格。

纳税人购买自用或者进口自用应税车辆，申报的计税价格低于同类型应税车辆的最低计税价格，无正当理由的，按照最低计税价格征收车辆购置税。

底盘发生更换的车辆，计税依据为最新核发的同类型车辆最低计税价格的70%。同类型车辆是指同国别、同排量、同车长、同吨位、配置近似的车辆。

免税条件消失的车辆，自初次办理纳税申报之日起，使用年限未满10年的，计税依据为最新核发的同类型车辆最低计税价格，按每满1年扣减10%；未满1年的，计税依据为最新核发的同类型车辆最低计税价格；使用年限10年（含10年）以上的，计税依据为零。

对国家税务总局未核定最低计税价格的车辆，纳税人申报的计税价格低于同类型应税车辆最低计税价格，又无正当理由的，主管税务机关可比照已核定的同类型车辆最低计税价格征税。同类型车辆由主管税务机关确定，并报上级税务机关备案。

进口旧车、因不可抗力因素导致受损的车辆、库存超过3年的车辆、行驶8

万千米的试验车辆、国家税务总局规定的其他车辆，凡纳税人能出具有效证明的，计税依据为其提供的统一发票或有效凭证注明的价格。

纳税人以外汇结算应税车辆价款的，按照申报纳税之日中国人民银行公布的人民币基准汇价，折合成人民币计算应纳税额。

3. 车辆购置税应纳税额的计算

车辆购置税实行从价定率的办法计算应纳税额。应纳税额的计算公式为：

$$应纳税额 = 计税价格 \times 税率$$

（五）车辆购置税的纳税申报

购买自用应税车辆的，应当自购买之日起60日内申报纳税。进口自用应税车辆的，应当自进口之日起60日内申报纳税。自产、受赠、获奖或者其他方式取得并自用应税车辆的，应当自取得之日起60日内申报纳税。免税、减税车辆因转让、改变用途等原因不再属于免税、减税范围的，应当在办理车辆过户手续前或者办理变更车辆登记注册手续前缴纳车辆购置税。

（六）车辆购置税的纳税地点

购置应税车辆，应当向车辆登记注册地的主管国税机关申报纳税；购置不需要办理车辆登记注册手续的应税车辆，应当向纳税人所在地的主管国税机关申报纳税。

（七）纳税期限

纳税人购买自用应税车辆的，应当自购买之日起60日内申报纳税；进口自用应税车辆的，应当自进口之日起60日内申报纳税；自产、受赠、获奖或者以其他方式取得并自用应税车辆的，应当自取得之日起60日内申报纳税。

（八）车辆购置税的减免税规定

外国驻华使馆、领事馆和国际组织驻华机构的车辆，提供机构证明。

外交人员自用车辆，提供外交部门出具的身份证明。

中国人民解放军和中国人民武装警察部队列入军队武器装备订货计划的车

辆，提供订货计划的证明。

设有固定装置的非运输车辆，提供车辆内、外观彩色5英寸照片。其他车辆，提供国务院或国务院税务主管部门的批准文件。

已缴车购税的车辆，发生下列情形之一的，准予纳税人申请退税：一是因质量原因，车辆被退回生产企业或者经销商的；二是应当办理车辆登记注册的车辆，公安机关车辆管理机构不予办理车辆登记注册的。车辆购置税的其他规定：车辆购置税实行一次征收制度。购置已征车辆购置税的车辆，不再征收车辆购置税。

四、印花税

（一）印花税的概念

印花税是指对经济活动和经济交往中书立、领受、使用税法规定的应税凭证的单位和个人征收的一种税。即以经济活动中的各种合同、产权转移书据、营业账簿、权利许可证照等应税凭证为对象所征的税。

我国于1950年发布了《中华人民共和国印花税暂行条例》（以下简称《印花税暂行条例》），开征印花税。其间经历了多次调整后于1988年8月公布了《印花税暂行条例》，并于同年10月1日起施行。印花税的开征有利于促进经济活动的规范化、合理化；有利于我国市场经济的发展；有利于提高公民的法治观念和纳税意识，同时可以增加国家的财政收入。

（二）印花税的特点

1. 征收范围广泛

凡是在我国境内具有法律效力，受中国政府法律保护的凭证，无论是在中国境内还是境外书立，都应依照税法规定缴纳印花税。

2. 税收负担比较轻

印花税的税率在0.5‰~19‰，按定额税率征税的，每件5元，税率较低。

3. 由纳税人自行完成纳税义务

印花税在纳税过程中实行了"三自"纳税办法，即纳税人在书立、领取、使用应税凭证，发生纳税义务的同时，先根据凭证所载计税金额和应适用的税目税率，自行计算应纳税额；再由纳税人自行购买印花税票并一次性足额粘贴在应税凭证上；最后由纳税人按《印花税暂行条例》的规定对已粘贴的印花税票自行进行注销或划销。至此，纳税人的纳税义务才算完成。

（三）印花税的纳税人

印花税的纳税人是指凡是在我国境内设立、使用、领取应税凭证的单位和个人。这里所说的单位和个人，是指国内各类企业、事业、机关、团体、部队以及中外合资企业、合作企业、外资企业、外国公司企业和其他经济组织及其在华机构等单位和个人。

根据《印花税暂行条例》的规定，印花税的纳税义务人具体包括立合同人、立据人、立账簿人、领受人和使用人等。

1. 立合同人

书立各类合同的纳税人是立合同人，即合同的当事人，也就是对凭证有直接权利义务关系的单位和个人，但不包括担保人、证人、鉴定人。如果合同有代理人的，当事人的代理人有代理纳税的义务。

2. 立据人

产权转移书据的纳税人是立据人，即书立产权转移书据的单位和个人。

产权转移书据由立据人贴印花，如未贴或者少贴印花，书据的持有人应负责补贴印花。所立书据以合同方式签订的，应由持有书据的各方分别按全额贴花。

3. 立账簿人

营业账簿的纳税人是立账簿人，即设立并使用营业账簿的单位和个人。

4. 领受人

权利许可证照的纳税人是领受人，即领取并持有该项凭证的单位和个人。

5. 使用人

应税凭证的使用人,即在国外书立、领受,但在国内使用应税凭证的单位和个人。

(四)印花税的征税范围

①经济合同包括购销合同、加工承揽合同、建筑工程承包合同、财产租赁合同、货物运输合同、仓储保管合同、借款合同、财产保险合同、技术合同以及具有合同性质的凭证;②产权转移书据包括财产所有权和版权、商标专用权、专利权、专有技术使用权等转移书据;③营业账簿即单位和个人记载生产经营活动的财务会计核算账册;④权利、许可证照包括政府部门发给的房屋产权证、工商营业执照、商标注册证、专利证、土地使用证;⑤财政部确定税收的其他凭证。

(五)印花税的计税依据

印花税根据不同征税项目,计税依据的确定方法也有所差异,大体分为下面两种情况。

1. 从价计征情况下计税依据的确定

各类经济合同,以合同上所记载的金额、收入或费用为计税依据。产权转移书据以书据中所载的金额为计税依据。

记载资金的营业账簿以实收资本和资本公积的两项合计金额为计税依据。

有些合同(如在技术转让合同中的转让收入)在签订时无法确定计税金额,可在签订时先按定额5元贴花,以后结算时再按实际金额计税,补贴印花。

2. 从量计税情况下计税依据的确定

实行从量计税的其他营业账簿和权利、许可证照,以计税数量为计税依据,单位税额每件5元。

(六)印花税的应纳税额的计算

印花税的纳税人根据应纳税凭证的性质,分别按比例税率或定额税率计算应纳印花税的金额。其具体计算公式为:

应纳印花税=应税凭证计税金额（件数）×适用税率

（七）印花税税票的面值

我国现行的印花税税票的票面金额以人民币为单位，分为1角、2角、5角、1元、2元、5元、10元、50元、100元九种。

（八）印花税减免的主要规定

下列凭证免纳印花税：已缴纳印花税的凭证的副本或者抄本；财产所有人将财产赠给政府、社会福利单位、学校所立的书据；国家指定的收购部门与村民委员会、农民个人书立的农副产品收购合同；无息、贴息贷款合同；外国政府或者国际金融组织向我国政府及国家金融机构提供优惠贷款所书立的合同；经财政部批准免税的其他凭证。

商店、门市部的零星加工修理业务开具的修理单，不贴印花。

房地产管理部门与个人订立的租房合同，凡用于生活居住的，暂免贴印花；用于生产经营的，应按规定贴印花。

铁路、公路、航运承运快件行李、包裹开具的托运单据，暂免贴印花。

企业与主管部门等签订的租赁承包经营合同，不属于财产租赁合同，不应贴印花。

微利、亏损企业不能减免印花税。但是对微利、亏损企业记载资金的账簿，第一次贴花数额较大，难以承担的，经当地税务机关批准，可允许在3年内分次贴足印花。

对农林作物、牧业畜类保险合同暂不贴花。对特种储备资金不计征印花税。

一般的法律、法规、会计、审计等方面的咨询不属于技术咨询，其所立合同不贴印花。对各种职业培训、文化学习、职工业余教育等订立的合同，不属于技术培训合同，不贴印花。

军队企业化管理工厂向军队系统内各单位（不包括军办企业）和武警部队调拨军事物资和提供加工修理、装配试验、租赁、仓储等签订的军队企业专用合同，暂免贴印花。

非金融机构或组织与单位及个人之间、个人与个人之间订立的借款合同和银行之间同行业拆借以及企业集团内部的借款凭证免贴印花。

人身保险合同不属于财产保险范畴，免贴印花税。

《印花税暂行条例》规定的购销合同不包括供电、供水、供气合同，这些合同免贴印花。

企业为职工谋福利对内所办的食堂、托儿所、幼儿园、学校、医院（诊所）设置的账簿免贴印花。

以收取管理费作为经费开支的国家行政管理机关设置的账簿，因其收入不属于本身生产经营的收入，对其账簿可免贴印花。

关于特殊货运凭证的免税：军事物资运输、抢险救灾物资运输、新建铁路的工程临时管线运输。

国防科工委管辖的军工企业和科研单位，与军队、武警部队、公安、国家安全部门，为研制和供应军火武器（包括指挥、侦察、通信装备，下同）所签订的合同免征印花税。

对办理借款展期业务使用借款展期合同或其他凭证，按信贷制度规定，仅载明延期还款事项的，可暂不贴印花。同业拆借合同不属于列举征税凭证，不贴印花。土地使用权出让、转让书据（合同），不属于印花税列举征税的凭证，不贴印花。

出版合同不属于印花税列举征税的凭证，不贴印花。

中国人民银行各级机构代理国库业务及委托各专业银行各级机构代理国库业务设置的账簿，不是核算银行本身经营业务的账簿，不贴印花。

在代理业务中，代理单位与委托单位之间签订的委托代理合同，凡仅明确代理事项、权限和责任的，不属于应税凭证，不贴印花。

（九）印花税的征收管理

印花税的纳税方法，根据税额大小、贴花次数以及税收征管的需要，可以分为自行贴花、汇贴或汇缴、委托代征三种。

1. 自行贴花方法

所谓"自行贴花"是指纳税人自行计算应纳税额；自行购买印花税票；自行完成纳税义务（自行贴花并注销）的一种方法。对已贴花的凭证，修改后所载金额增加的，其增加部分应当补贴印花税票。凡多贴印花税票者，不得申请退税或者抵用。这种办法一般适用于应税凭证较少或者贴花次数较少的纳税人。

2. 汇贴或汇缴方法

所谓"汇贴"是指一份凭证应纳税额超过500元的，应向当地税务机关申请填写缴款书或者完税凭证，将其中一联粘贴在凭证上或者由税务机关在凭证上加注完税标记代替贴花。所谓"汇缴"是指同一种类应纳税凭证，需要频繁贴花的，应向当地税务机关申请按期汇总缴纳印花税。汇贴或汇缴的办法，一般适用于应纳税额较大或者贴花次数频繁的纳税义务人。

3. 委托代征方法

所谓"委托代征"是指通过税务机关的委托，经由发放或者办理应纳税凭证的单位代为征收印花税款的一种方法。

在进行印花税的汇贴、汇缴的过程中需要注意以下问题：第一，税务机关应与代征单位签订代征委托书；第二，税务机关按代售金额的5%支付代售手续费。

（十）印花税的纳税环节

印花税应当在书立或领受时贴花，具体是指合同签订时、账簿启用时和证照领受时。如果合同是在国外签订，并且不便在国外贴花的，应将合同带回国境时办理贴花纳税手续。

（十一）印花税的纳税地点

印花税一般实行就地纳税。对于全国性商品物资订货会（包括展销会、交易会等）上所签订的合同应纳的印花税，由纳税人回其所在地后及时办理贴花完税手续；对地方主办、不涉及省际关系的订货会、展销会上所签订的合同，其纳税地点由省、自治区、直辖市人民政府自行确定。

五、城市维护建设税与教育费附加

（一）城市维护建设税的概念

城市维护建设税是对从事工商业经营，缴纳增值税、消费税、营业税的单位和个人征收的一种税。

（二）城市维护建设税的特点

1. 税款专款专用并具有受益税性质

按照财政的一般性要求，税收及其他政府收入应当纳入国家预算，根据需要统一安排其用途，并不规定各个税种收入的具体使用范围和方向，否则也就无所谓国家预算。但是作为例外，也有个别税种事先明确规定使用范围与方向，税款的缴纳与受益更直接地联系起来，我们通常称其为受益税。城市维护建设税专款专用，用来保证城市的公共事业和公共设施的维护和建设，就是一种具有受益税性质的税种。

2. 属于一种附加税

城市维护建设税与其他税种不同，没有独立的征税对象或税基，而是以增值税、消费税、营业税"三税"实际缴纳的税额之和为计税依据，随"三税"同时附征，本质上属于一种附加税。

3. 根据城镇规模设计税率

一般来说，城镇规模越大，所需要的建设与维护资金越多。与此相适应，城市维护建设税规定，纳税人所在地为城市市区的，税率为7%；纳税人所在地为县城、建制镇的，税率为5%；纳税人所在地不在城市市区、县城或建制镇的，税率为1%。这种根据城镇规模不同差别设置税率的办法，较好地照顾了城市建设的不同需要。

4. 征收范围较广

鉴于增值税、消费税、营业税在我国现行税制中属于主体税种，而城市维护建设税又是其附加税，原则上讲，只要缴纳增值税、消费税、营业税中任一税种的纳税人都要缴纳城市维护建设税。这就等于说，除了减免税等特殊情况以外，任何从事生产经营活动的企业单位和个人都缴纳城市维护建设税，这个征税范围当然是比较广的。

（三）城市维护建设税的纳税人

按照现行税法的规定，城市维护建设税的纳税人是在征税范围内从事工商经营、缴纳"三税"（增值税、消费税和营业税，下同）的单位和个人。任何单位或个人，只要缴纳"三税"中的一种，就必须同时缴纳城市维护建设税。这里所提到的单位和个人包括国有企业、集体企业、私营企业、股份制企业、其他企业和行政单位、事业单位、军事单位、社会团体、其他单位以及个体工商户及其他个人。但目前对外商投资企业和外国企业缴纳的"三税"暂不征收城市维护建设税。

（四）城市维护建设税的征税范围

由于城市维护建设税是以实际缴纳的"三税"为计税依据的，所以其征税范围和"三税"的范围一致。

（五）城市维护建设税应纳税额的计算

1. 城市维护建设税的税率

城市维护建设税按照纳税人所在地实行差别税率，具体税率如下：市区税率为7%；县城、建制镇税率为5%；其他地区税率为1%。

2. 城市维护建设税的计税依据

城市维护建设税的计税依据是纳税人实际缴纳的增值税、消费税、营业税税额之和。纳税人违反"三税"有关规定，被查补"三税"和被处以罚款时，也要对其未缴的城市维护建设税进行补税和罚款。纳税人违反"三税"有关规定而加收的滞纳金和罚款，不作为城市维护建设税的计税依据。"三税"得到减征或免征优惠，城市维护建设税也要同时减免征税（城市维护建设税原则上不单独减免）。城市维护建设税出口不退，进口不征。

3.城市维护建设税的计算公式

城市维护建设税以纳税人实际缴纳的"三税"为计税依据。其计算公式为：
城市维护建设税的应纳税额＝纳税人实际缴纳的"三税"金额×适用税率

（六）城市维护建设税的纳税地点

城市维护建设税以纳税人实际缴纳的增值税、消费税、营业税税额为计税依据，分别与"三税"同时缴纳。所以，纳税人缴纳"三税"的地点，就是该纳税人缴纳城市维护建设税的地点。但是，下列情况属于例外。

代征代扣"三税"的单位和个人，其城市维护建设税和教育费附加的纳税地点在代征代扣地。具体情况如下：委托加工产品、委托代销商品及企业收购工业手工业品，规定由受托方或收购企业代扣代缴"三税"的单位和个人，同时按当地适用税率代扣城市维护建设税；交通运输管理部门对运输单位和个人代扣代缴营业税时，同时按当地适用税率代扣代缴城市维护建设税。

跨省开采的油田，下属生产单位与核算单位不在一个省的，其生产的原油，在油井所在地缴纳增值税，其应纳税款由核算单位按照各油井的产量和规定税率，计算汇拨各油井并缴纳。所以，各油井应纳的城市维护建设税，应由核算单位计算，随同增值税一并汇拨油井所在地，由油井在缴纳增值税的同时一并缴纳城市维护建设税。

对管道局输油部分的收入，由取得收入的各管道局于所在地缴纳营业税。所以，其应纳城市维护建设税，也应由取得收入的各管道局于所在地缴纳营业税时一并缴纳。

对流动经营等无固定纳税地点的单位和个人，应随同"三税"在经营地按适用税率缴纳。

国家铁路局等实行汇总缴纳"三税"的纳税人，城市维护建设税（包括教育费附加）在汇总地与"三税"同时缴纳。

（七）城市维护建设税的纳税期限

城市维护建设税的纳税期限应比照"三税"的纳税期限，由主管税务机关根据纳税人应纳税额大小分别核定；不能按照固定期限纳税的，可以按次纳税。

（八）教育费附加

1. 教育费附加的概念

教育费附加是对缴纳增值税、消费税、营业税的单位和个人，以其实际缴纳的税额为计算依据征收的一种附加费。

2. 教育费附加的征收范围与计征依据

教育费附加的征收范围为税法规定征收增值税、消费税、营业税的单位和个人。对外商投资企业和外国企业暂不征收教育费附加。

教育费附加以纳税人实际缴纳的增值税、消费税和营业税税额之和为计征依据。

3. 教育费附加征收比率

现行教育费附加征收比率为3%。

4. 教育费附加的计算与缴纳

教育费附加的计算公式为：

应纳教育费附加=实际缴纳增值税、消费税、营业税税额之和×征收比率

第六章 税收分析

第一节 税收分析的基本方法

一、税收数据的处理方法

税收分析以国家的经济政策和税收政策为理论基础，以统计分析方法为分析工具，对调查、收集的税源和税收收入数据等统计资料，进行加工整理，系统、定量地分析研究，从而认识税收收入的本质和规律性，并对税收未来的发展趋势做出科学的预测，为加强税收征收管理工作提供决策信息。税收数据处理方法是各类税收分析方法的基础。

（一）税收数据的基本类型

1. 概念

税收数据是反映税收经济现象总体单位或总体综合数量特征的信息，具体包括反映总体单位特征的名称及具体表现，即标志及其标志表现。反映总体综合数量特征的概念和具体数值，即税收统计指标（税收统计数据）。

2. 标志的基本分类

（1）标志按其性质可以分为品质标志和数量标志

品质标志表示事物品质的特性，其具体表现是不能用数值表示的，如纳税人的经济类型、纳税人所属行业等。数量标志表示事物数量的特性，其标志表现可以用数值表示，如某个纳税人的纳税额、利润额等。品质标志主要用于分组，将性质不相同的总体单位划分开来，便于计算各组的总体单位数，计算结构和比例指标。数量标志既可用于分组，也可用于计算各种税收统计指标。

（2）标志按变异情况可以分为不变标志和可变标志

标志如果在总体各单位之间的具体表现完全相同，该标志就称为不变标志。如果某些标志在总体各单位的具体表现不完全相同，这些标志就称为变异标志或可变标志。

可变的数量标志又称变量。变量按变量值是否连续可分为离散变量与连续变量两种。离散变量的数值只能用自然数或整数单位计算，如企业个数、职工人数、设备台数等。反之，在一定区间内可以任意取值的变量叫连续变量，其数值是连续不断的，相邻两个数值可作无限分割，即可取无限个数值。例如，纳税数额、工资薪金所得等为连续变量，其数值只能用测量或计量的方法取得。

3. 税收统计数据的构成及基本分类

（1）税收统计数据的构成

税收统计数据一般包括以下五项内容。

①数据名称。说明所反映现象数量特征的性质和内容，如"税收收入""GDP"等。

②数据值。是数据名称的结果体现，如100。

③计量单位。分为名数和无名数两类：名数是指计量单位有具体名称，如实物计量单位（吨、千克等）、货币计量单位（万元、元等）、劳动计量单位（工时、工日等）；无名数只有抽象的名称或无名称，通常有系数、倍数、成数、百分数等。

④时间范围。说明数据是时期数据还是时点数据。

⑤空间范围。给数据必要的空间限制，如2023年税收收入3000亿元，没有说明空间范围，就基本没有意义。

（2）税收统计数据的基本分类

税收统计数据一般可以分为截面数据、时间序列数据和面板数据。截面数据又称静态数据，它是指在同一时间对不同总体的数量表现进行观察而获得的数据。如××省2023年增值税、消费税、企业所得税收入分别为1987亿元、654亿元和1876亿元，这就是截面数据，即在一个时间点处切开，观察各个税种的不同数值。时间序列数据又称为动态数据，它是指在不同时间对同一总体的数量表现进行观察而获得的数据。如××市2019年、2020年、2021年、2022年、

2023年各年增值税收入分别为123亿元、234亿元、345亿元、456亿元和567亿元，这就是时间序列数据，即观察不同时间点的具体数值。面板数据是截面数据与时间序列数据综合起来的一种数据类型，具有时间序列和截面两个维度，当这类数据按两个维度排列时，是排在一个平面上，与只按一个维度排列在一条线上的数据有着明显的不同，整个表格像一个面板，因此称为面板数据。

（二）税收数据的加工整理

1. 税收数据的采集

税收分析工作是从收集税收数据开始的，我们要从数量上认识税收客观现象，必须先获取有用的税收数据。税收数据的采集是根据税收分析研究的目的与要求，运用科学的收集方法，有计划、有组织地收集税收统计数据资料的过程。税收统计数据收集方式一般可分为两种：一种是直接向纳税人收集反映调查单位的税收统计数据，即原始资料，也称初始资料；另一种是根据税收研究的目的，收集已经加工、整理过的说明总体现象的数据，一般称为次级资料或第二手资料。原始资料可以直接从纳税人的申报资料或征管信息管理系统中收集，或者采用科学的调查方法直接向纳税人进行调查收集；间接税收资料可以从新闻、网络、统计年鉴及社会其他相关部门收集取得。

2. 税收数据加工处理的意义

税收数据的加工处理是根据税收分析研究的目的和任务，对采集所得的原始资料进行科学的分类和汇总，对已初步加工的次级资料进行再加工，使其系统化、条理化、科学化，以反映所研究的税收现象总体特征的工作过程。

一方面，通过对收集的资料进行加工处理，使其成为系统化、条理化的综合资料，对总体内部规律性、内在联系和结构关系做出概括的说明。税收数据的加工处理是实现由对个别现象的认识过渡到对总体现象的认识，由对事物表象的认识过渡到对其本质与内在联系的全面认识，由感性认识上升到理性认识的过程，是达到税收统计分析研究目的的重要环节。

另一方面，税收数据加工处理的正确与否、质量好坏，将直接影响税收分析及预测结果的准确性和真实性。不恰当的加工整理往往会使收集得来的丰富、准确、全面的资料失去应有的价值，从而歪曲事情的真相，使人们得出错误的结论。因此，采用科学的方法进行税收数据的加工处理是顺利完成税收统计分析任务的前提。

总之，税收数据的加工处理在整个税收统计分析中起着承前启后的作用，它既是税收数据收集的继续和深化，又是税收统计分析的基础和前提，也是税收数据收集和税收统计分析的连接点。

3. 税收数据加工处理的步骤

从完整的工作程序来看，税收数据加工处理的基本步骤如下。

（1）设计和编制税收数据加工处理方案

税收数据加工处理方案是根据税收统计分析研究的目的和要求，事先对整个工作做出全面的计划和安排，是通过一套综合表式和编制说明来反映的。其主要内容包括确定汇总指标与综合统计表，进行统计分组，选择资料汇总形式，确定资料审查的内容与方法等。统计分组是统计资料整理的基础，统计汇总是统计资料整理的中心内容，统计图表则是统计资料整理的表现形式。

（2）对收集的税收数据进行审核

在对收集的税收数据进行加工处理前，首先需要对其进行严格的审核，以保证数据质量，为进一步的整理和分析打下基础。审核的内容主要包括税收数据的准确性、及时性和完整性等。

（3）对收集的税收数据进行分组、汇总和计算

在税收数据加工处理过程中，对大量的原始资料进行分组、汇总和计算是一项重要的工作，其中统计分组是最基本的，是保证分类、汇总科学合理的基础。根据税收数据加工处理方案的要求，按已确定的汇总组织形式和具体方法及一定标志，对收集的税收数据进行分组。按分组的要求，对各项数字进行汇总，计算分组单位数、总体单位数、分组标志总量和总体标志总量。

①统计资料的分组。其工作内容是将全部调查资料按照一定的标志加以区分，使反映相同性质的税收活动的资料归集在同一组内，以便于对比分析。

②税收统计资料的汇总。统计资料经过科学分组后，按规定要求对统计资料进行综合归类。汇总的形式主要有集中汇总和逐级汇总两种。集中汇总是指由组织领导完成统计资料整理工作的工作机构，集中全部统计资料进行汇总；逐级汇总是指在汇总过程中，充分发挥各级税务部门的作用，将已经汇总好的资料逐级

上报。

（4）对汇总后的调查资料进行审核

对加工处理好的资料再一次进行审核，更正汇总过程中所发生的各种差错。汇总后审核可以从以下四个方面进行：①复计审核，即对每个指标数值进行复核计算；②表表审核，即审核不同统计表上重复出现的同一指标数值是否一致，对统计表中相互联系的各个指标数值，则审核它们之间是否衔接和是否符合逻辑性；③表实审核，即对汇总得到的指标数值，与了解的实际情况联系起来进行审核；④对照审核，即对各税种相关数据进行相互对照审核，看数字是否一致或比较接近，以便从中发现可能出现的错误。在审核过程中发现错误时，应查明原因，及时更正。

（5）编制统计表、绘制统计图

把整理好的税收统计资料用统计表或统计图的形式表现出来，简明扼要地表现税收现象在数量方面的具体特征和相互关系。

二、总量分析法

总量分析法是指运用总量指标进行分析的一种方法。总量分析主要适用于经济税源、税收收入的总体规模及增减变化量分析。

（一）总量指标的概念及作用

税收总量指标是反映一定时间、地点和条件下的税收总规模、总水平的统计指标。其表现形式为具有计量单位的绝对数，所以也称为绝对量指标。它可以揭示总体数量的绝对规模和水平，其数值大小受总体范围及单位数多少的制约。

①税收总量指标是对整个分析研究对象总体认识的一个起点。它是对所研究对象总体的客观反映，可以反映其基本状况。

②税收总量指标是税务工作中下达计划任务，检查监督税收计划执行进度、执行结果，加强税收征收管理的重要依据。

③税收总量指标是计算税收相对指标、平均指标、进行税收相对水平分析和平均水平分析的基础。税收相对指标和平均指标都是以两个或两个以上有联系的税收总量指标为基础计算出来的，是税收总量指标的派生指标。税收总量指标的核算是否科学合理会直接影响到税收相对指标和平均指标的准确性。

对总量指标的分析描述应简洁、明了，突出其主要数量特征，给人以深刻的印象。

（二）总量指标的种类

1. 按其反映的内容分类，可分为税收总体单位总量和税收总体标志总量

税收总体单位总量是总体单位数的总和，它说明总体本身规模的大小。

2. 按其反映的时间分类，可分为时期指标和时点指标

时期指标反映总体在某一段时间内累计规模的总量。

3. 按其计量单位不同分类，可分为实物量指标、价值量指标和劳动量指标

①实物量指标是以实物单位计量的总量指标，能够直观地反映产品使用价值的总量，它是计算价值量指标的基础。实物单位有自然单位、度量衡单位和标准实物单位等。比如，电脑以"台"、小汽车以"辆"等自然单位计量。度量衡单位是以统一的度量衡制度规定的单位计量，如钢材、粮食以"吨"等计量。标准实物单位用于汇总不同规格或含量的同类事物的实物数量，可以更加准确地反映产品的实用价值总量。

②价值量指标是以货币单位计量的总量指标，反映现象总体的价值总量。如"国内生产总值""税收总额"等。目前，我国税收总量指标均表现为价值量指标，其计量单位表现为元、万元、亿元等。

③劳动量指标是用劳动时间为单位计算的产品产量或完成的工作量，通常用于工业企业内部的核算，如"工时""工日""台时"等。

三、对比分析法

（一）对比分析法的概念及分类

对比分析是指运用对比指标进行分析的一种方法。对比分析法的核心是将两个有联系的统计指标进行对比，用一个抽象化的比值（对比之后的数值）反映社

会经济现象之间的对比关系。通常使用事物的相对水平、发展过程、差异程度、内部结构与比例关系等来比较和分析事物之间的联系。

税收对比分析按时间和空间范围可划分为纵向和横向对比分析。纵向对比分析是指在一定时间范围内，以同一事物的各个发展阶段的不同数量指标进行对比分析，反映事物在不同阶段的发展变化情况。横向对比分析，则是指同一指标在不同空间范围内进行对比分析，用以反映经济现象在不同地区之间的差距。如某省宏观税负与相关省份同期宏观税负之比，就可以反映省间宏观税负水平差距。这种方法用在省内各地区之间的比较同样有效。

对比分析主要适用于经济税源、税收收入的结构分析，发展速度分析及经济税收关系分析（宏观税负、弹性分析），适用于经济税源、税收收入总量、结构、发展速度及税负、弹性等指标的纵向和横向对比分析，以发现和了解不同现象之间的结构现状、差异程度及发展趋势。

（二）相对指标的概念及作用

相对指标是指将两个有联系的指标对比所得到的比值，反映事物的数量特征和数量关系，其具体数值表现为相对数，因此也称为相对数指标。相对指标可以反映现象之间的固有联系及联系程度，如现象的发展程度、结构、强度、普遍程度或比例关系等。借助于相对指标对现象进行对比分析，是统计分析的基本方法。

相对指标的表现形式有两种：一种是有名数；一种是无名数。有名数是指对比的分子、分母有不同的计量单位，将分子和分母两个指标的计量单位结合使用，如人口密度用"人/平方千米"，人均GDP、人均税收负担用"元/人"，劳动强度用"件/人"等。无名数是一种抽象化数值，常以倍数、系数、成数、翻番数、百分数、千分数等表示。

在统计分析研究中，相对指标的作用主要表现在以下两个方面。

①相对指标能具体表现社会经济现象之间的对比关系，有助于人们深入了解事物发展的质量与状况。社会经济现象之间是相互联系、相互制约的，总量指标只能反映现象的总规模、总水平，而运用相对指标把有关指标联系起来进行对比分析，就能把事物发展的规模大小、计划执行的好坏、变化速度的快慢、各种比例协调与否等情况反映出来。

②相对指标可以使不能直接对比的现象找到相互比较的基础。例如，考察不同类型企业的经济效益，由于生产规模不同、资金多少不同，一般不能用净利润直接对比，可以通过销售利润率、资产收益率等相对指标抽象掉个体的差异，再进行对比分析。

（三）相对指标的分类

根据研究的目的和任务不同，相对指标计算时选择的对比基础也不同，对比所起的作用也有所不同，从而形成不同的相对指标。归纳起来主要有两类：一是同一总体内部对比的相对指标，如结构相对指标、比例相对指标、动态相对指标和计划完成程度相对指标；二是两个总体之间对比的相对指标，如比较相对指标和强度相对指标。

1. 结构相对指标

结构相对指标就是利用分组方法，将总体划分为性质不同的各个组成部分，以部分数值与总体数值对比而得出的比重或比率，来反映总体内部组成状况的相对指标。其计算公式为：

结构相对指标＝总体部分数值/总体全部数值×100%

结构相对指标一般用百分数或乘数表示，各组比重之和等于100%或1。其分子和分母既可以同是总体单位总量，也可以同是总体标志总量，而且分子数值属于分母数值的一部分，即分子、分母是一种从属关系，位置不能互换。

结构相对数是统计分析中常用的综合指标，主要有两方面的作用：①可以反映总体内部的结构特征；②不同时期结构相对数的变动状况，可以反映事物的变化过程及发展趋势。

2. 比例相对指标

比例相对指标是同一总体内不同组成部分之间数量对比的相对指标，用以反映总体中各组成部分之间的数量联系程度和比例关系。它的分子与分母可以互换。其计算公式为：

比例相对指标＝总体中某一部分数值/总体中另一部分数值×100%

比例相对指标一般用百分数、几比几或连比的形式表示。比例相对指标以对分析总体的统计分组为前提，没有分组就没有比例，并且该指标是由结构决定的。根据对比的目的不同，分子、分母可以相互交换位置。

在实际工作中，常将比例相对数和结构相对数结合起来使用，既可以研究总体的结构是否合理，也可以判断现象发展过程中的比例关系是否正常。

3. 动态相对指标

动态相对指标又称为发展速度，是将某一指标不同时间上的数值进行对比的相对指标，表明同类事物在不同时间状态下的对比关系，反映社会经济现象在时间上的运动、发展和变化。其计算公式为：

动态相对指标（发展速度）＝报告期指标数值/基期指标数值×100%

公式中报告期是所要研究或说明的时期，又称为计算期；基期是用来作为比较标准的时期。动态相对指标的分子、分母相对固定，不能互换位置。

动态相对指标对于分析社会经济现象的发展变化具有非常重要的意义。

4. 计划完成程度及计划执行进度指标

（1）计划完成程度相对指标

计划完成程度相对指标，简称为计划完成百分比，它是以现象在某一时期内的实际完成数与计划任务数进行对比的相对指标。在计算时，要求分子、分母在指标的内容、范围、计算方法及时间长度等方面完全一样，通常用百分数表示。其基本计算公式为：

计划完成程度相对指标＝实际完成数/计划任务数×100%

通过计划完成程度相对指标，可以准确地反映计划完成情况，定期监督检查国民经济计划以及地区、部门或基层单位计划的执行情况，随时掌握计划执行进度及执行过程中存在的问题，找出薄弱环节，挖掘潜力，并可以根据实际情况对计划进行适当的修改，作为编制下期计划的参考。

（2）计划执行进度指标

计划完成程度相对指标只反映计划执行的结果，在分析计划执行情况时，还要检查计划执行的进度和均衡程度，需要运用计划执行进度指标。

计划执行进度指标是计划期中某一段时期的实际累计完成数与计划期全期计划数对比得到的指标。其计算公式为：

计划执行进度＝期初至检查之日止累计实际完成数/全期计划任务数×100%

计划执行进度指标用于检查计划执行与时间进度的要求适应与否，可以在计划期内，逐日、逐旬、逐月、逐季观察计划的进展情况，检查计划执行是否均衡，预计计划的可能完成情况，以便于及时发现问题、采取措施，保证完成或超额完成计划任务。一般来说，检查完成计划进度要与时间的进程相统一，即第一季度完成年计划的25%，第二季度累计完成年计划的50%，即时间过半，任务完成数也要过半。

5. 比较相对指标

比较相对指标是将两个性质相同的指标在同一时间、不同空间条件下作静态对比得出的相对指标，可以反映国家之间、地区之间、行业之间、单位之间同类现象的对比关系。其计算公式为：

比较相对指标=某条件下的某项指标数值/另一条件下的同项指标数值×100%

比较相对指标一般用百分数或倍数表示。其分子、分母根据分析目的不同可以相互交换位置。

计算比较相对指标时，用来对比的指标既可以是总量指标，也可以是相对指标或平均指标。由于总量指标易受总体规模和条件不同的影响，计算比较相对指标时更多采用相对数或平均数进行对比。如税收弹性系数指标：

税收弹性系数=税收增长率/经济增长率

税收弹性系数作为税收对经济增长的反映程度，其数值大于1，说明税收增长快于经济增长。其数值越大，对宏观税负的提升作用越明显。

比较相对指标常用于不同国家、地区、单位的比较，用于先进与落后水平的比较，还用于标准水平或平均水平的比较，用以寻找差距，挖掘潜力，为制定发展计划提供依据。

比例相对指标和比较相对指标的区别是：①分子与分母的内容不同，比例相对指标是同一总体内不同组成部分之间数量对比的相对指标；比较相对指标是同类指标在同一时间、不同空间条件下对比得出的相对指标。②说明问题不同，比例相对指标反映总体内部的比例关系；比较相对指标是不同单位的同类指标对比而确定的相对数，用以反映同类现象在同一时期内各单位发展的不平衡程度。

6. 强度相对指标

强度相对指标是两个性质不同（不同类现象）而有一定联系的总量指标进行对比的结果，用以表明现象的强度、密度和普遍程度。这里所指的不同类现象一般分别属于不同的总体。其计算公式为：

强度相对指标＝某一总量指标数值/另一性质不同而相联系的总量指标数值×100%

有些强度相对指标的分子、分母位置可以互换，所以存在正指标和逆指标两种形式。

强度相对指标的数值大小与现象的发展程度或密度成正比时，称为正指标；与现象的发展程度或密度成反比时，称为逆指标。一般来说，正指标数值越大越好，逆指标数值越小越好。

（四）对比分析时应注意的问题

1. 两个对比指标的可比性

由于相对指标是两个有联系的指标数值进行对比计算的结果，因此，两个对比指标的可比性是计算相对指标的重要条件。所谓可比性，是指对比的两个指标在经济内容上要具有内在联系，并且在总体范围、时间、计算方法和计量单位上要求一致或相适应。

2. 相对指标和总量指标结合使用

相对指标把现象的绝对水平抽象化，来反映社会经济现象的联系和差异程度，但是，它也掩盖了现象绝对水平的差别。因此，在利用相对指标进行分析时，必须与计算相对指标所依据的绝对水平联系起来，才能获得对客观事物的正确认识。

3. 多种相对指标结合运用

运用相对指标进行统计分析时，可以将从不同方面、不同角度表明问题的各种相对指标结合起来使用，全面地说明客观事物的情况及发展的规律性。只有多种相对指标综合运用，才能全面深入地说明要研究的问题。

四、分组分析法

社会经济现象的多样性和错综复杂性，要求在进行税收分析时，将错综复杂的社会经济现象区分为不同的类型，使税收分析进一步深化，这就需要借助分组分析方法。

（一）统计分组的概念及作用

统计分组是根据税收分析研究的目的和分析对象的特点，将所研究的税收统计总体按照一定的标志划分为性质不同的若干个组成部分，使反映相同性质的税收活动的资料归集在同一组内，以便于对比分析的一种统计方法。总体中的这些组成部分称为"组"，也就是大总体中的小总体。能够对统计总体进行分组，是由统计总体中各单位所具有的差异性的特点决定的。

统计分组是开展税收分析、研究社会经济结构变化、产业结构变化、产品结构变化等对税收收入影响的基础和前提，只有按一定的标志进行科学的分组，才有可能取得总体内部各部分在总体中所占比重和各部分之间比例关系的资料；才有可能利用这些资料去研究和分析各种现象之间的依存关系；才有可能利用这种分析方法去进行客观正确的分析，以揭示客观事物发展的一般规律。

（二）统计分组的原则

一是系统原则。即各分组内容之间要符合逻辑，界限明确，层次分明，既自成体系，又相互联系。

二是可比原则。即分组内容要与历史资料保持连续，分组口径要前后一致，以便进行前后对比。

三是实用原则。进行各种分组要有利于税收统计资料的使用，满足当前税收工作的需要，便于各级领导审阅。

确定分组内容时，必须综合考虑上述各项原则，尤其要兼顾统计资料的可比性和实用性。如果出现与前期资料分组口径不同，则必须在整理的统计资料中逐项加以说明，以免在使用资料时发生差错。

（三）分组标志

统计分组中关键的问题在于选择分组标志和各组界限的划分，而选择分组标志则是税收统计分组的核心问题。

1. 分组标志的概念及其分类

分组标志就是将税收统计总体区分为各个性质不同的组的标准或根据。根据分组标志的不同特征，税收统计总体可以按品质标志分组，也可以按数量标志分组。

（1）按品质标志分组

按品质标志分组就是选择反映事物属性差异的品质标志为分组标志，并在品质标志的变化范围内划定各组界限，将总体划分为若干性质不同的组成部分。如按经济类型、按产业结构分组。将纳税人按所属的经济类型分组，可以分为国有企业、集体企业、股份合作企业、联营企业、股份公司、私营企业及其他企业等。

（2）按数量标志分组

按数量标志分组就是根据统计研究的目的，选择反映事物数量特征和差异的数量标志作为分组标志，在数量标志值的变异范围内划定各组数量界限，将总体划分为性质不同的若干组成部分。在实际进行税收分析时，按数量标志进行分组常用来分析某种指标的变动情况，这时被研究的指标就成为分组的标志。例如，将纳税人按缴纳税收额、利润额分组等。

2. 选择分组标志

任何社会现象客观上都有许多不同的标志。对同一总体的资料根据不同的标志进行分组，会产生不同的结论。为确保分组后的各组能够正确反映事物内部的规律性，选择分组标志时，应遵循以下原则。

（1）根据税收分析研究的目的与任务选择分组标志

在对税收数据进行分析研究时，可以根据不同的研究目的或任务从不同的角度进行研究，相应的要选择不同的分组标志进行分组。如以××省纳税人为总体进行研究时，这个研究对象就有很多标志，如经济类型、行业、规模等。在具体研究过程中应该采用哪种标志进行分组，就要看研究的目的。如研究税收负担率的行业差异情况,可选择行业作为分组标志;研究税收负担率的地区差异情况,可选择地区作为分组标志。

(2)从众多标志中,选择最能反映被研究现象本质特征的标志作为分组标志

由于社会经济现象复杂多样,具有多种特征,在选择分组标志时,会遇到既可以使用这种标志,又可以使用另一种标志的情况。这就需要根据被研究对象的特征,选择最重要的、最能反映事物本质特征的标志进行分组。例如,研究纳税人的纳税能力情况,可以用纳税人的销售收入作为分组标志,也可以用纳税人的资产、利润、税负作为分组标志。相比较而言,销售收入水平更能反映纳税人纳税能力的高低,更能反映被研究现象的本质特征。

(四)统计分组体系

对税收总体数量特征的认识,往往要从多方面进行研究,仅仅依赖一个分组标志很难满足需要,必须运用多个分组标志进行多种分组,形成一个分组体系才能满足需要。

所谓的统计分组体系,就是根据税收统计分析的要求,通过对同一总体进行不同分组,形成一组相互联系、相互补充的体系。统计分组体系有平行分组体系与复合分组体系之分。

1. 简单分组和平行分组体系

总体只按一个标志分组称为简单分组。例如,按税收收入对纳税人进行分组。对同一个总体选择两个或两个以上的标志分别进行简单分组,就形成平行分组体系。例如,为了解纳税人总体的基本特征,我们将纳税人总体按经济类型、行业等进行分组,形成平行分组体系如下。

按经济类型分组:国有企业,集体企业,股份合作企业,联营企业,股份公司,私营企业,其他企业;按行业分组:采矿业,制造业,电力、热力、燃气及水的生产和供应业,建筑业等。平行分组体系的特点是:每一个分组固定一个分组标志,即只考虑一个因素的差异对总体内部分布情况的影响,而且各个简单分组之间彼此独立,没有主次之分,不互相影响。

2. 复合分组和复合分组体系

对同一总体选择两个或两个以上分组标志层叠起来进行分组，叫作复合分组。复合分组所形成的分组体系叫作复合分组体系。

复合分组体系的特点是：每一次分组除了要固定本次分组标志对分组结果的影响外，还要固定前一次或前几次分组标志对分组结果的影响，且各个分组标志之间有主次之分。

复合分组体系可以从不同角度体现总体内部的差别和关系，因此，比平行分组体系更能全面、深入地研究分析问题。但是也要注意，复合分组的组数等于各简单分组组数的乘积，如果复合分组选择的标志过多，就会使复合分组体系过于庞大，会增加分组的难度，不容易反映现象的本质特征，制表也不方便。所以，进行复合分组时分组标志不宜过多。

（五）分配数列

分配数列是进行税收统计分组的必然产物，是税收数据加工处理结果的一种重要表现形式。它可以反映税收现象总体的分布特征和内部结构，并为研究总体中某种标志的平均水平及其变动规律提供依据。

1. 分配数列的概念

分配数列是在税收统计分组的基础上，将总体的所有单位按组归类整理，并按一定顺序排列而形成的总体中各个单位在各组间的分布，又称分布数列或次数分配。分配数列可以表明总体的构成情况，同时也是反映总体数量特征、揭示事物规律的重要方法。

2. 分配数列的种类

根据分组标志的不同，分配数列分为品质分配数列和变量分配数列两种。

（1）品质分配数列

按品质标志分组形成的分配数列称作品质分配数列，简称品质数列，也叫属性分布数列。

（2）变量分配数列

按数量标志分组所编制的分配数列称作变量分配数列，简称变量数列。

变量数列按变量的表现方法和分组方法不同，可以分为单项式分配数列和组距式分配数列两种。

①单项式分配数列是指将每一变量值列为一组形成的数列，即按单项式分组所编制的变量数列。适用于变量值个数较少、变动范围较小的离散型变量。

②组距式分配数列是以标志值变动的一定范围作为一组的分组，即组距式分组所形成的变量数列。组距式数列中的每个组不是用一个具体的变量值表示，而是用变量值的一定变化范围即各组变量值变动的区间来表示，一般适用于连续型变量以及变量值较多、变动范围较大的离散型变量。

3. 组距式变量数列的组成要素

（1）组距、全距与组数

在组距数列中我们用变量值变动的一定范围代表一个组，每个组的最大值为组的上限，最小值为组的下限，每个组上限和下限之间的距离称为组距，即组距=上限-下限。

全部变量值的最大值和最小值的距离，即全距，又称极差，即全距=最大变量值-最小变量值

组数是指某个变量数列划分为多少组。组数与组距是相互联系的，在同一变量数列中，组距的大小与组数的多少成反比。组数越多，组距越小；组数越少，组距越大。

对一个总体来讲，分组的组数和组距必须恰当，组数不能太多也不能太少，组距不能太小也不能太大。组数太多，组距太小，分配数列显得很烦琐，不能反映总体分布特征；组数太少，组距太大，分配数列显得过于笼统，同样很难反映总体分布特征。

（2）组限与组中值

组限是圈定一组标志值变动范围的两个数，即每组两端的标志值。每组的最大值为上限，最小值为下限。在组距式分组中常有最小组无下限和最大组无上限的情况，这样的组叫开口组，其中只有上限无下限的称为下开口组，有下限无上限的组称为上开口组。

在编制组距数列时，作为各组名称的变量可以是离散变量，也可以是连续变量，这两种变量组限的表示方法有所不同。按连续变量分组划分组限时，相邻两

组的组限必须重叠。如果上下限是两个不同的数值的话，那么相邻两组上下限之间就可能有很多数值无组可归，不符合穷尽性原则。在统计时，如果遇到某单位的标志值刚好等于相邻两组上下限数值时，为避免重复计算，一般遵循"上组限不在内"的原则。按离散变量划分组限时，相邻两组的组限应该以整数断开。

组中值是各组标志值变动范围的中点值，也就是每组上限和下限之间的中点数值。由于组距数列使用变量值变动的一段区间来表现变量值的取值，所以掩盖了分布在各组内各单位的实际变量值，为了反映各组中个体单位变量值的一般水平，税收统计分析中需要计算组中值来代表。

4. 分配数列的要素及意义

分配数列包括品质分配数列和变量分配数列，都是由两个基本要素构成：各组的名称和各组的次数或频率。各组的名称是表明标志变异范围及其变异程度界限的。两种分配数列构成要素的不同之处仅有一点，即品质数列组的名称使用文字表示的标志属性差异，变量分配数列组的名称则是用标志值（变量的不同水平）表示的数量变异界限。

分配数列中分布在各组中的个体单位数叫作次数，又称频数，是以绝对数的形式表现各组的总体单位数目，各组次数之和等于总次数。各组次数（各组单位数）占总次数（总体单位数）的比重叫作比率或频率，是以相对数形式表现的总体单位数目，各组频率之和等于1或100%。

在分配数列中，次数越大的组的标志值对总体指标计算所起的作用越大；反之，次数越少的组的标志值所起的作用越小。频率与次数所起的作用根本性质是相同的，不同的是频率还可以表明各组标志值对总体的相对作用程度。这种相对作用程度的具体数值，也是各组标志值在总体中出现的频率。

为研究整个变量数列的次数分配状况，并进行统计计算，税收统计分析中还常计算累计次数及其频率分布。将变量数列中各组的次数和频率逐组累计相加而成累计次数分布，它表明总体在某一变量值的某一水平上包含的总体次数和频率。

累计次数和累计频率的计算方法有两种：向上累计和向下累计。向上累计，又称较小制累计，是将各组的次数或频率由变量值低的组向变量值高的组累计，各累计数的意义是各组上限以下的累计次数或累计频率；向下累计，又称较大制累计，是将各组次数或频率由变量值高的组向变量值低的组累计，各累计数的意义是各组下限以上的累计次数或累计频率。反映居民收入分配状况的洛伦兹曲线就是在居民收入分组的基础上，根据向上累计频率分布数列绘制的。

第二节　税收分析的主要内容

一、税收收入分析

（一）税收收入分析的概念

税收收入分析是描述在某个时期内的税收收入完成情况，从地区、产业、行业、企业类型、企业规模等角度分析税收收入的结构特征，分析影响税收收入变化的经济因素、政策因素和征管因素，提出加强组织收入工作的意见或建议，形成分析报告的一种税收管理活动。它是税收管理的重要内容和重要环节，是促进税收科学化精细化管理、充分发挥税收职能的重要手段。

（二）税收收入分析的意义

1. 综合反映经济税收信息，有效地发挥参谋助手作用

税收是国家调节收入分配的重要经济杠杆，税收变动涉及国民经济各个部门，作用于社会再生产过程的各个环节，因此，通过对税收收入执行情况的分析，可以从税收角度及时反映出经济运行速度及质量的相关信息，供领导和上级部门决策时参考。

2. 税收收入分析是强化收入监控和税收征收管理的重要保障

通过对税收收入总量、结构完成情况等指标进行分析，揭示组织收入工作中存在的问题，反映征管过程中的薄弱环节，尤其是通过经济税收相关性的分析，利用宏观税负、行业税负、企业税负等不同层级的指标，通过比较分析，可以体现征收管理的效果，揭示税收征管中存在的问题，加强税收征管和组织收入工作的有效结合。

3. 税收收入分析为组织收入工作原则奠定基础

税务机关要认真贯彻落实"依法征税,应收尽收,坚决不收过头税,坚决制止和防止越权减免税,坚决落实各项税收优惠政策"的组织收入原则,通过对税收收入完成情况的总量分析及产业结构、税收政策、征管状况等因素进行分析,可以把税收放在经济发展的大环境中把握其发展趋势;监督税务部门在征税过程中的政策执行进度,对有税不征和收过头税的违法行为进行有效监管;充分发挥组织收入工作的反映、监督、调控、参谋作用,保证组织收入工作的顺利进行;进一步淡化税收收入计划观念,实现依计划征税到依法征税的转变。

4. 税收收入分析为科学预测提供可靠依据

税收收入分析是税收收入预测的前提和基础,通过对收入情况的跟踪分析、动态监控、测算各种经济指标对现实税源的影响程度及各种涉税政策对税收的影响,可以找出税收与经济之间的一些规律性的东西,预测收入前景,有效发挥税收收入的目标管理作用。

(三)税收收入分析的基本内容

1. 全面反映各级税务部门组织收入情况、收入进度和执行结果

税收收入分析要按预算级次、税种、地区、品目对本期税收入库绝对额进行分析,通过与邻期、同期和收入计划的数额对比,对本地区收入完成情况进行展示和评估,找出影响收入完成情况的主客观因素,预测税收收入的发展趋势。

2. 反映本期税收收入的特点

税收收入分析要揭示税收收入的突出特点及规律性。如本期税收收入与客观经济变动是否适应,工业环节的增值税与工业增加值之间是否同步,中央级收入和地方级收入的比重及增减与同期相比有什么变化等,从动态上分析研究税收发展的趋势,把握其发展变化的规律。

3. 反映重点税源的发展变化情况

通过静态的重点税源数据比较分析和深入企业进行实际的调查研究,了解重点行业、重点企业的生产经营及纳税情况,掌握第一手资料,预测税源的变化趋势。

4.反映经济税收政策的变动及征管质量对税收的影响

经济、税收政策的变动是影响税收收入的重要因素。每一项经济、税收政策的出台都会直接、间接地影响到税收收入，收入分析要把经济和税收政策对收入的影响进行量化，客观、如实地反映其影响程度。同时，税收收入完成的好坏，与组织收入工作的质量和征管质量有着密切的关系，因此，应把收入分析与征管质量评价考核结合起来，利用有关税收经济指标和税收征管质量评价考核指标，反映各地工作的开展情况，衡量各地的征管力度，把组织收入工作中的成功经验加以推广，不断提升征管质量。

（四）税收收入分析的对象

1.税源

税源，顾名思义，即能够产生税收的源泉，是税收之根本。税源因税制而存在，现行税源与经济密切相关。税源又可细分为以下三类。

（1）投资

①投资对税收增长的间接影响。

②投资形成存货影响税收收入。

③投资对税收的滞后影响。

（2）消费

①消费是GDP的组成部分。

②消费与税收收入密切相关。

（3）出口

①进口总额和进口环节税收征收率的影响。

②出口方的出口总额和出口退税率的影响。

2.税制

（1）纳税人

纳税人适用的标准税收制度包括各法律法规、条例，如增值税条例，消费税条例，企业所得税法，税收征管法以及各种规范性文件，各种税收优惠政策等。特别是税制变化的内容要重点关注。

（2）税务机关关注的征税方式方面的制度

征税方式方面的制度包括总分机构预缴汇缴政策，单个纳税人异地预缴汇缴政策，免抵调库政策，税收预算级次划分政策等。

3. 税收征管

（1）持续性征管水平

持续性征管水平的表现形式包括行业建模、制度创新、一窗式管理、小规模纳税人管理、车辆购置税"一条龙"管理、卷烟消费税管理、企业所得税核定方法规范、各税种加强管理堵塞漏洞的办法、金税工程管理、清理漏征漏管户管理等。

（2）一次性征管水平

一次性征管水平的表现形式包括稽查、纳税评估、反避税、税务审计、专项检查等。一次性征管力度提升也存在着持续效应。

4. 税务机关主观能动力

①表现形式：免抵调库力度、退库力度、税收调控、税收政策从紧或从松。
②影响因素：政府财政约束等。

二、经济税源分析

（一）经济税源概述

经济税源简称"税源"，即税收收入的经济来源。从广义上说，税源归根结底是物质生产部门的劳动者创造的国民收入，税收来源于经济，离开经济的发展，税收即成为无源之水，无本之木。从狭义上说，税源则指各个税种确定的课税对象。从归宿上说，税源即税收的最终来源，也即税收的最终归宿。税务实际工作中所说的税源是就狭义的税源而言，具体指与各个税种征税对象有密切联系的生产、销售、利润等在一定时期内的数量状况。经济税源作为税收收入的经济来源，其丰富程度决定着税收收入量的规模，税收收入随着国民经济的发展和国民收入的增加不断地增长。

经济税源分析主要是反映税收占国民收入的比重变化、税收与经济发展的协调度、影响经济税源的因素以及经济税源发展趋势。经济税源分析在税收分析工作中使用频率高、范围广、实用性强,是政府、税务以及社会各界广泛关注的涉税事项,它对完善税收制度、加强税收征管有积极意义。常用的经济税源分析有税负分析、税收弹性分析和税源分析三种。

(二)经济税源分析内容

根据分析的目的和角度不同,经济税源分析可以概括地分为税负分析、税收弹性分析和税源分析三大类。

1. 税负分析

所谓税负即税收负担,是指国家征收的税款占纳税人税源数量的比重,反映出税款与社会新增财富之间的内在关系。以不同主体为出发点,税收负担具有两个方面的含义:一方面,从国家的角度看,税收负担反映出国家在税收课征时的强度要求,即要征收多少税收;另一方面,从纳税人的角度看,税收负担反映出纳税人在税收缴纳时的负担水平,即承担了多少税款。税负就是税收规模与经济规模的对比。

税负分析按照其分析的对象和角度的不同,可分为宏观税负分析和微观税负分析两大类,其中宏观税负分析又可进一步分为地区税负分析、税种税负分析和行业税负分析三种。

(1)地区宏观税负分析

地区宏观税负分析是指一个地区(国家、省、市、县等)在一定时期内税收总收入占当期社会新增财富的比重,反映出一定时期纳税人因国家课税而承受的经济负担水平,是一个受制于国家政治、经济、财税体制等诸多因素的综合经济指标。

工作中进行宏观税负分析时,常用以下两个口径。

①全口径税收宏观税负,是指全口径税收收入(一个地区的国、地税部门征收的全部税收收入,包括海关代征税收、免抵调库收入)占该地区生产总值的比重。

②国内口径税收宏观税负,是指一个地区全口径收入扣除海关代征税收后的税收收入占该地区生产总值的比重。

国税部门分析宏观税负时，税收收入是指国税部门负责征收的税收。

（2）税种税负分析

单项税种的税收负担是指某一税种在一定时期内的收入占该税种税基的比重，反映该税种的征税强度，是分析和研究税收制度和税制结构的重要内容。

（3）行业税负分析

行业税收负担是指按照统计局发布的国民经济行业分类，预算某行业的税收与相关税源之比，计算出某行业税负。

微观税负分析是利用微观税收和经济数据开展的针对企业层面的税负分析，如企业实现税金与销售收入对比、应纳所得税与利润总额对比。

实际税负分析工作中可以将宏观税负与微观税负分析相结合，进行税负综合分析。税负分析中要注意进行五个比较，即实际税负与法定税负的比较、不同地区之间的宏观税负比较、同行业税负比较、税种税负比较，以及企业税负与所属行业平均税负的比较。通过这些比较来反映实际税负与法定税负的差异，揭示地区、行业、企业以及税种税负之间的差异和动态变化，据此评判检验税收征管的努力程度，按照"宏观看问题、微观找原因"的思路，将问题提交管理部门进行纳税评估，真正找出管理上的漏洞。

2. 税收弹性分析

弹性是西方经济学的基本概念之一，主要用来衡量某一经济变量随另一经济变量的变化而变化的力度或敏感性。

税收弹性，也叫作税收收入弹性，是指税收收入的变化与经济发展情况的比重。其宗旨是对整个社会的宏观税收负担程度进行比较分析，了解、掌握整体税负的变化，以便从宏观上对全社会经济效益进行分析研究，并从动态上分析研究税收相对经济变化的量变及其运动规律。

税收弹性表示出的税收增长与GDP增长之间的对比关系有以下三种情况。

①税收弹性＞1，表明税收富有弹性，税收增长速度快于GDP的增长速度，或者说高于经济增长速度；

②税收弹性＝1，表明税收为单位弹性，税收增长速度与GDP增长速度同步，或者说与经济发展同步；

③税收弹性＜1，表明税收的增长速度慢于GDP的增长速度，或者说低于经

济增长速度。

经济学界一般认为，0.8~1.2为弹性系数合理区间。合理的税收比例对经济发展有促进作用，但税收收入增长过缓，也会影响政府的宏观调控能力。

开展税收弹性分析，可以反映税收增长与经济增长是否协调，可以对收入形势是否正常做出判断；可以通过对税收增长与经济增长不协调原因进行剖析，进一步查找影响税源和税收变化的因素，从中发现征管中存在的薄弱环节和漏洞。弹性分析是深化税收分析必须紧紧抓住的一条主线，在税收分析中具有重要意义。在开展税收与经济对比分析中，不仅要从总量上进行经济增长与税收增长的弹性分析，而且要从分量上、税种、税目、行业以至企业等税收弹性观察税收与经济增长的协调性。做好税收弹性分析要注意剔除税收收入中的特殊因素，以免其影响真实的弹性，掩盖税收征管中的问题。根据目前的情况，要进一步加强增值税与增加值、企业所得税与企业利润的弹性分析，积极进行消费税等各税目与相关经济指标的弹性分析。通过深入细致的弹性分析，深挖税收与经济不适应的根源，解决管理中存在的问题，促进税收与经济协调发展。

3. 税源分析

税源是经济发展成果在税收上的体现，是税收的起点，因而也是税收征管、税收分析的起点。开展税源分析的目的，就是要了解真实的税源状况，判断现实征收率，并据以查漏补缺，应收尽收。工作中接触到的主要有重点税源分析和税源调查分析。

（1）重点税源分析

重点税源的纳税额一般相对比较大，规模和影响力突出。重点税源分析可以是一户企业分析，也可以是重点行业或多户企业分析，还可以是影响一个地区税收的重点监控税源分析。

主要的分析方法有以下六种：①进度分析。就是根据分析时点的需要，将重点税源税收收入实际数与计划数相比较，分析计划完成进度和重点税源变化情况。②趋势分析。即以本期实际数与上期或上年同期实际数相比较，以分析重点税源的发展变化趋势。③结构分析。即按不同标志分组对比重点税源结构的变化情况，如按税种、按行业、按地区、按经济类型、按同一产品的不同等级、按不同产品的比重等分组进行比较，以分析税源构成的变化情况。④因素分析。即全面分析社会经济变化中各因素的变化对各项税收的影响程度。⑤季节变动分析。即通过将各年各季税源资料加以整理，分析经济税源在各年各季的变化及分布情况，从中找出税源季节性变动规律。⑥相关指标分析。即通过对相关指标进行分析，如对产品数量与课税数量等进行分析，找出其因果或比例关系。

（2）税源调查分析

税源调查分析是经济税源调查工作的总结，该类分析应数据真实、逻辑清晰、深入透彻，能充分反映税源情况，科学指导税收计划管理。按照分析报告结构完整的要求，税源调查分析应包含税源基本情况介绍、新增税源介绍、影响因素分析、重点行业税源介绍、全年税收预测以及工作措施等几个方面。通过各个角度的分析，为做好各阶段税收计划建设和税收征收管理提供科学依据。

其中影响因素分析一般应包括以下四点：①政策因素对税源的影响。税收作为一种以国家为主体的分配行为，其收入来源必然受到一定时期国家政策的影响。如税收制度和税收政策的影响、财政政策和产业政策的影响等。②产业因素对税源的影响。产业因素对税源的影响反映在产业结构、产品结构的变化上，产业结构的变化将影响税收收入结构的变化，而产品结构的变化将直接关系到税收数量的变化。③价格因素对税源的影响。价格总水平的变动对税收来源的影响可能出现两种情况：在总体价格水平上涨有利于资源的合理配置时，将会促进税源增长；但是在物价上涨幅度过大，引起资源配置严重失调时，不仅会减少税收来源，甚至可能出现社会动荡。④管理因素对税源的影响。在经济环境和税收制度一定的情况下，能否保证税收收入及时、足额入库的关键就在于税收征管水平。

三、政策效应分析

（一）政策效应分析的概念

政策效应分析是指宏观经济政策和税收政策的效应分析，反映宏观调控效果，把握其对税收收入影响，及时发现经济和税收运行中的问题，是税收分析的一项重要内容。政策效应分析的主要内容包括以下三个方面：一是预测税制改革和税收政策调整对税收收入总量与结构的影响，为组织收入服务；二是研究分析税制改革和政策调整对地区或行业经济的影响，及时发现执行中的问题，为完善税制、优化税收政策提供依据；三是开展经济政策效应分析，从税收角度反映宏观调控效果，把握其对税收收入的影响。

（二）税收政策的作用

1. 有效筹集财政收入，为经济和社会发展提供强大的资金支持

雄厚的财政实力是一个国家强大、稳定、安全的重要体现和有力保证，也是保持社会和谐的重要物质基础。税收是国家财政的主要收入来源，没有充足的税收，政府将无法运转。税收政策的首要目标就是筹集财政收入，为国防、外交、政权机关的正常运转和各项社会公共事业的发展提供资金保障，为经济建设提供必要的资金支持，从而直接或间接地促进经济和社会发展。改革开放以来，我国从制度建设和改革入手，不断调整和完善税收政策，规范国家与企业、国家与个人的分配关系，为财政收入的稳定增长提供了强有力的制度保障。税收收入的快速增长，不断壮大着国家的财政实力，为经济建设和社会发展提供了持续不断的强大资金支持。大规模的持续增长的财政收入，使我国的人民民主政权更加巩固，国防实力日益增强，基础设施和基础产业迅速发展，城乡面貌焕然一新，教育、科学、文化、卫生等社会事业取得长远发展。税务部门要始终把筹集财政收入作为税收政策的首要任务，加快推进新一轮税制改革，切实加强税收征管，努力提高税收的足额征收率，进一步提高财政收入占国内生产总值的比重，不断壮大国家的财政实力。

2. 公平税收负担，促进企业公平竞争

经济和社会的活力，来自不断的创造和创新，创造和创新则要求政府营造一个公平竞争的政策环境。税收负担的公平，是保证企业公平竞争的重要方面。税制改革一直是我国税收政策工作的核心内容，其主要就是为企业创造公平竞争的税收环境，以公平的利益分配为导向，鼓励广大企业扩大生产，提高效率。

3. 对经济发展实施必要的宏观调控

税收政策对经济结构的战略性调整和经济增长方式的转变，起到了非常重要的作用。作为相机抉择的财政政策的组成部分，税收政策还能够对投资和进出口等实施一定的影响，从而实现经济的总量平衡。需要强调的是，税收调控必须坚持税收的中性原则，不能对市场活动产生扭曲作用，不能滥用税收优惠政策。

对于确需税收政策长期发挥导向作用的重点领域，要通过完善税制，使之体现在新的税制体系中；对于相机抉择的税收政策，当宏观调控目标实现后，必须及时"归位"，不能把特定时期内的税收政策固定化、长期化。另外，国家制定的支持西部地区和民族自治区域发展的税收优惠政策、鼓励企业吸收下岗失业人员和残疾人员就业的税收优惠政策等，体现了对低收入者和困难群体的照顾，也起到了维护社会公平的作用。在市场经济条件下构建和谐社会，市场经济越发展，就越需要宏观调控。税收是国家宏观调控的重要手段之一。税收政策对经济的调控，主要是在特定时期内，根据国家产业政策和区域经济发展战略，通过制定差别化的税收政策，鼓励某些行业、某些地区加快发展，限制不符合国家产业政策、对社会发展和生态环境有害的经济活动，从而优化经济结构，促进国民经济的协调快速健康发展。改革开放以来，我国制定了许多这样的税收政策。

4. 调节收入分配，维护社会公平

收入和财富占有的公平是社会公平的一个重要方面。收入差距过分悬殊，必然带来社会的不安定，和谐也就失去了基础。税收政策能够参与个人收入和财产的分配，如通过征收个人所得税等，对个人收入及财富进行调整，以缩小社会成员的贫富差距，维护社会公平。

5. 贯彻民主法治，实行依法治税

目前国家致力于建设民主法治的社会，民主法治，就是人民当家作主，就是依法治国。依法治税是民主法治在税收工作中的具体体现，是构建和谐社会的内在要求。具体来讲，一是通过税收立法，不断提高税收活动的法制化程度，减少部门、单位和个人在税收政策上的自由裁量权。二是强化税收执法，改进税收征管手段，严厉打击偷逃骗税等违法行为，保证税收法律法规得到准确的贯彻执行。三是加强税收执法监督，做到有权必有责，用权受监督。

四、税收预测分析

税收预测分析就是对预测方法的文字体现，也是对预测结果的理论陈述。它是在真实掌握经济税收数据的基础上，对税收发展趋势的预测，是实现税收统筹能力的途径。

（一）定义与意义

税收预测是以政府宏观调控政策为指导，以充分掌握影响税收收入变化的因素和税收历史资料为基础，运用数理统计和逻辑思维等方法，对未来税收收入的发展趋势进行预估、测算和推断。它是税源管理的重要组成部分，是提高税收收入工作主动性和预见性，实现科学决策、科学管理的重要手段。

税收预测分析的目的是准确判断经济发展和税收收入形势，指导组织收入，为税收决策提供科学依据，促进税收的征收管理，发挥税收监督职能。税收预测分析是对预测结果的说明与检验，也是事前反映和监督税源、税收变化的有效方法，可为针对性地开展税源监控、税收征管、纳税评估和税务稽查提供参考。

（二）内容与分类

税收预测的内容包括预测经济税源发展变化、预测税收计划完成进度、预测税收政策实施情况、预测税收管理措施的落实效果。

①预测经济税源发展变化。根据国民经济统计资料和专题材料以及经济主管部门提供的情况，预测经济税源的发展动态，包括工农业生产发展速度、主要工农业产品产量、产品价格、销售额、社会商品零售额、社会的购买力情况等。

②预测税收计划完成进度。根据税收统计资料，在对经济税源发展势头准确预测的基础上，对税收收入在预测期可能达到的水平及完成税收计划目标的可能程度做出推测，从而便于采取对策，确保计划目标的实现。

③预测税收政策实施情况。在深入调查研究的基础上，预测税收政策对于调节生产、流通、分配和消费的作用及效果，以便及时提供政策实施的反馈信息，为领导决策提供依据。

④预测税收管理措施的落实效果。根据不同时期、不同地区所采取的加强税收征管的措施、办法来预测其作用和效果，从而揭露矛盾，发现优劣，促进征管水平的提高。

税收预测分析可从宏观和微观两个层面进行。宏观预测分析是运用税负比较、弹性分析等手段，对税收总量、税种、行业等宏观领域税收与经济总量的关系进行分析研究，综合税收政策因素和税收征管因素，预测总体税源的纳税能力。微观预测分析是以具体纳税人为对象，对纳税人生产经营活动和税款缴纳情况进行调查，对纳税人的财务指标和税源指标变化趋势进行分析，预测区域税收形势。预测分析的种类按性质可分为定性预测分析和定量预测分析；按时间可分为长、中、近期预测和短期预测分析；按对象可分为总量预测分析和单项预测分析；按范围可分为全面预测分析和局部或区域预测分析。

当前各级国税机关定期开展月度、季度、年度税收预测，税收年度预测、季度预测和月度预测是制订年度、季度和月度税收计划的依据。年度预测除年初上报本年度计划建议以外，分别在9月份、10月份、11月份和12月份上报；季度预测分别在1月份、4月份、7月份上报；月度预测分别在上旬、中旬随同旬报上报。对预测过程中出现的重大增减因素、一次性因素、同比负增长因素以及税收政策变动因素应形成预测分析报告一同上报。

（三）流程与方法

1. 流程

税收预测分析工作的基本流程是：确定预测目标和预测期限——数据资料的收集、筛选和初步分析——确定预测方法、模型——开展预测分析、形成预测结果——根据素材和写作目的构思结构——撰写分析报告。

数据资料的收集既包括收集历史资料，也包括调查资料，既有数据资料，又有文字资料。这样可使预测建立在丰富、确凿的信息基础上，从而保证预测结果的准确可靠。数据资料的筛选即对所收集到的资料在使用之前进行认真的整理和审核，以保证资料的准确性、系统性、完整性和可比性，从而使数据在质量方面得到可靠保证。初步分析即对经过审核和整理后的资料研究其结构的稳定性，从而为选择适当的预测方法、模型奠定基础。

2. 方法

税收预测方法包括税收调查预测、宏观税负与税收弹性预测、滚动预测、税收趋势预测、税收回归预测。

（1）税收调查预测

税收调查预测是通过对税源的调查取得经济税收数据资料进行定性分析，预测税收的发展趋势的一种方法，通常有抽样调查和重点调查两种预测方法。抽样调查预测就是从全部税收调查对象中，抽取部分具有普遍性和代表性的企业进行调查，通过对抽样企业的经济税收的增减变化趋势进行分析，找出税收发展变化的一般规律，对税收收入形势进行定性预测。重点调查预测就是通过对税收总规模中起决定作用的重点税源的生产经营指标和税收数据进行分析，根据其同期、本期、预测期间的规模、结构、增减、进度等变动情况，分析测算出重点税源税收收入预测值，进而预测税收总量及变化趋势。此方法尤其适用于县级税务机关。

（2）宏观税负与税收弹性预测

宏观税负与税收弹性预测是通过运用时间序列平均增长的原理，用宏观税负和税收弹性两个指标进行简单的税收收入预测的一种方法。本办法应满足三个前提：一是事先能够较为准确地预测相关的国民经济发展指标，如GDP、规模以上工业增加值、规模以上工业企业利润、社会消费品零售总额等；二是能够较为准确地评价税收征管、稽查等对税收征收效率的影响；三是经济指标与税收收入之间存在客观关系，并且是经过历史经验数据验证的。

GDP税收负担率预测方法：以本年预计实现的GDP值和上年的税收负担率为依据，预测本期税收收入。其计算公式为：

本年收入＝本年度GDP预计值×上年税收负担率

弹性系数预测方法：以上年税收收入为基数，根据上年税收与GDP的弹性系数来确定本年税收增长系数，预测本年税收收入。

其计算公式为：

本年收入＝上年收入×（1+税收增长系数）

税收增长系数＝本年GDP计划增长率（工业增加值率等）×税收弹性系数

税收弹性系数＝税收增长幅度/GDP增长幅度

（3）滚动预测

滚动预测是预测近期活动发展趋势常用的预测方法。按照预测期间长度的变化与否来分类，有两种基本形式：一种是给定固定长度的预测期间的不断递推，来实现滚动预测，即预测期间总的长度根据需要是给定不变的，随着近期活动的完成，再加一个单位的预测期间继续向前预测；另一种是预测期的终点是给定的，随着近期活动的不断完成，预测的期间也不断地缩短，在已实现数据的基础上修改预测参数，继续滚动预测其余期间的态势。

（4）税收趋势预测

税收趋势预测是利用税收收入完成指标所组成的时间数列资料所反映的发展

趋势和发展速度，进行外推和延伸，预测未来税收收入水平的一种预测方法，又叫时间数列分析法，主要有平均发展速度预测法、移动平均预测法、指数平滑预测法和线性趋势预测法。

平均发展速度预测法，是通过计算整个税收收入时间序列的平均发展速度，以此发展速度乘以预测期上一期的税收数值所得结果，作为预测期税收数值的一种方法。

移动平均预测法，是对平均发展速度预测法进行修正后的一种方法，考虑时间序列的趋势性和周期性，一定程度上消除不规则、随机的因素影响，对给定固定长度的时间序列，每次移动地求出平均发展速度，用以预测下一期税收数值。

指数平滑预测法，从移动平均预测法演变而来，是加权移动平均预测法的一种，它对整个时间序列分别给予不同的权数进行加权平均，即对不同时间点的数据做不等权处理。本期预测值加上误差修正值（平滑指数乘以本期预测误差）即为下一期预测值。只要知道本期的实际值和预测值即可预测下一期税收。

线性趋势预测法，又叫直线趋势预测法，在变量和时间之间基本存在线性联系的基础上，通过税收历史时期的时间序列资料得出趋势直线 $Y=aX+b$，用直线斜率 a 表示增长趋势，利用趋势直线的延伸外推求得预测值。

（5）税收回归预测

税收回归预测是利用从一个变量的变化去推断另一个变量的变化的一种回归分析预测方法。通常包括一元回归预测和多元回归预测。

一元线性回归预测法是分析一个因变量与一个自变量之间的线性关系的预测方法。根据因变量税收收入、工业增值税、商业增值税、企业所得税等指标的不同，自变量可选择GDP、规模以上工业增加值、社会消费品零售总额、规模以上利润总额等指标。通过一元线性回归模型得出回归预测方程，代入预测期自变量值即可得到因变量预测值。

多元回归预测法是在确定两个或两个以上的自变量和因变量之间的相关关系的基础上，建立回归数学模型，进而进行预测的一种预测方法。首先运用因素分析法全面考虑影响税收收入的各因素（如GDP、规模以上工业增加值、社会消费品零售总额、规模以上利润总额、进出口贸易总额、财政支出、税收政策变动影响、征管稽查因素影响等），然后进行简单的相应分析，按照变量间是否有较强的线性关系进入回归方程，最后通过逐步回归法确定影响税收收入的主要因素，进行相应的回归分析。

（四）数据准备工作

做好税收预测分析工作，需要建立在强大的数据基础上。

一是建立经济税收数据档案。经济税收数据是研究测算未来税收增减趋势的基本资料，是统筹规划税收形势的数据基础。日常工作中可充分利用统计年鉴和国税年鉴，对历年来的经济税收数据进行建档保存，将本地区GDP、规模以上工业增加值、社会消费品零售总额、企业利润总额完成情况，以及年度税收总额、分税种、分行业、分级次、分县区完成情况等数据通过表格形式进行统计，保障经济税收数据使用的连续性和一致性，为开展税收预测、分析工作提供翔实资料，为全面掌握税收形势奠定数据基础。

二是汇编历史重点税源数据。为减少重点税源调查工作中的重复劳动，保证重点税源数据的连续性，最好将近几年重点税源企业资料汇编成册，选取本地区具有行业代表性的企业，将其基本资料和主要的经济税收指标整理建档，以后逐年更新续存，使其成为领导和从业人员的手边工具书，同时也为加强重点税源管理分析提供有力的数据支撑。

三是实时管理当期重点税源数据。对影响全局的重点税源企业实行动态化账簿管理，对其经济税收数据及时统计入账，从中发现经济税源运行中的问题，为针对性地开展税源调查分析和税收分析提供支持。

四是常态化内外部信息交流。系统内部，通过邮件、电话、会议等形式充分交流信息，及时掌握税源发展变化。外部相关部门，主动加强联系，建立数据信息互换平台，了解各部门的最新数据，及时把握经济税源发展变化。选取企业，进行有必要的税源调查。通过微观税源发展变化了解企业经营情况、行业情况、市场需求变动等，由点及面，掌握最前沿的经济运行趋势，为全面掌握全局组织收入形势提供保障。

五、税收会计分析

（一）税收会计分析的定义

税收会计分析是以税收会计核算资料为主要依据，运用科学的分析方法，对税收资金运动过程及其结果进行综合、全面的研究和评价，揭示税收工作的成绩和问题及其原因，并提出改进建议，它是税收会计核算的延续。积极开展会计分析，对充分发挥税收会计的反映和监督作用有着十分重要的意义。

（二）税收会计分析的对象与内容

1. 税收会计分析的对象

税收会计是国家预算会计的一个重要组成部分，是核算与监督税收资金运动的一门专业会计。它是以直接负责税款征收、入库业务的税务机关为会计主体，以货币（人民币）为计量单位，运用会计核算的基本原理和方法，对税收资金及其运动进行连续、系统、全面、综合的核算与监督，为税收决策及时、准确地提供信息资料，以保证税收政策法规的正确执行和各项应征税款及时、足额入库的一种税收管理活动。这一概念的内涵包括以下四层含义：①税收会计的主体是直接负有组织税款征收与入库职责的税务机关；②税收会计的客体是税收资金及其运动，其具体内容包括应征税金、待征税金、待解税金、在途税金、入库税金、减免税金、欠缴税金、提退税金和损失税金等；③税收会计的基本职能是对税收资金及其运动进行核算和监督；④税收会计还具有反映税收政策的作用，如税收会计科目的设置反映税收政策的现状，而科目设置的改动在大多数情况下反映了税收政策的变化。

2. 税收会计分析的内容

税收会计分析是会计核算管理工作的最后一个环节，也是会计管理的最高阶段，在这个阶段，会计分析利用会计核算的结果研究分析税收资金运动的特征，提出税收资金运动过程中可能存在的问题，并揭示问题的成因，提出辅助决策建议。税收会计分析主要围绕税收会计核算的内容展开。其具体内容如下。

（1）应征税金分析

应征税金分析主要对分析期内实现的税金总量，分地区、分税种与基期对比，与应征税金总额对比，以了解各地区、各税金总量变动规律与发展趋势。

（2）欠缴税金分析

欠缴税金分析主要对分析期内应缴未缴的税款，分地区、分税种与基期对比，与欠缴税金总额或应征税金相对比，通过增长率和应征欠缴率掌握欠缴税金各构成部分的变动情况及对欠缴税金总量的影响程度，为及时控制和清理欠缴提供依据。

（3）减免税金分析

减免税金分析主要对分析期内的减免税款，分地区、分税种、分减免性质与基期对比，与减免总额和应征税金对比，熟知减免税金的变动趋势和影响减免税金变动的主要因素。

（4）在途税金分析

在途税金分析主要分地区与应征税金相比，并结合税款在途时间对分析期内的在途税金进行分析，以了解在途税金是否正常，是否存在占压税款现象，以便采取措施，加快税款入库速度。

（5）提退税金分析

提退税金主要分析各地区、各税种和各种不同性质的提退税金变化情况和各构成部分对提退税金总量的影响程度，以及提退税金占应征税金的比重变化情况。

（6）入库税金分析

入库税金是税金运动的终点，它是应征税金减去税金运动过程中所发生的减免税金、欠缴税金、待解税金、损失税金、在途税金和提退税金后的余额。保证各项应征税金及时足额入库，是税收管理工作的主要任务。所以，对入库税金进行分析，实质上是对税金运动各环节的综合分析，是税收会计分析的核心。它对于评价税收管理工作和分析税收收入计划完成情况有着极为重要的意义。入库税金分析除按地区、按税种与基期和应征税金进行对比分析外，还需要进行因素分析，即将应征税金、减免税金等各种税金作为影响入库税金的各个因素，分别判断并计算每个因素对入库税金的影响方向与程度，从而找出影响入库税金变化的主要因素。此外，还常常将它与在途税金相比较，以分析在途税金的入库速度。

（三）税收会计分析的作用与意义

税收会计分析的作用与意义在某种程度上通过税收会计来反映，因为税收会计分析本身就是税收会计的组成部分。其作用与意义主要包括以下四点。

1. 完整反映

完整、及时、真实地反映税收业务活动。在税收会计核算的基础上，通过分析，完整地反映税收业务活动中能够用税收资金表现的各个方面，如申报税款、征收税款、检查补税、罚没款项、减免税款等。

2. 真实披露

税收会计本身就具有披露组织内部经济信息的功能。利用会计核算独特的方法，认真执行各项税收法规、国家预算管理制度、国家金库制度、税收会计制度及其他财经纪律，通过会计核算和会计检查，真实披露有关税收资金运动的信息。那些不能通过检查账目一目了然地发现其中的问题，必须通过税收分析予以揭露。通过深入剖析，找到问题之所在及其成因。

3. 保证核算客体的安全

监督税款及时、足额入库，保护国家税款的安全完整。凡税款皆属国家所有，应及时、足额缴入国库，任何单位和个人都不得延误、积压和占用。通过税收会计分析，为各级税务主管部门及时提供税收资金运行状况。通过对税收资金的严密跟踪、反映和监督，保证其安全完整。

4. 保证税收计划的准确制定和顺利完成

编制税收计划必须切实掌握税收收入的有关历史资料，而税收会计所反映的正是关于税收收入成果和税收收入过程的全部历史信息，这些信息是准确制定税收计划的重要依据；同样，通过对这些信息的分析，可以及时掌握税收计划的完成进度，发现差距，以便采取必要的征收管理措施，确保税收计划的完成。

（四）税收会计分析的特点

税收会计分析的特点在某种程度上与税收会计本身的特点相联系，主要有以下三个。

1. 逻辑严密

税收会计自身所具有的逻辑严密性决定了税收会计分析必然具有这个特点。税收会计将税收资金分为两形态、三阶段、四环节。两形态指税收资金来源和占用形态。三阶段指申报、征收和入库阶段。四环节指纳税申报、开票收款、上解税款和办理税款入库环节。在将资金分类的基础上，再以相互关联的账户和报表体系，将各种会计要素有机地结合在一起。遵循会计核算的这个严密过程，使税收会计分析也具有逻辑严密的特点。

2. 专业性强

税收会计分析以会计核算为基础，因此其分析方法、分析语言、分析结论都显示出与会计学以及税收会计紧密联系、专业性强的特点。如应征税金、欠交税金、入库税金分析是典型的税收会计语言。

3. 集中分析税收资金运动特征

税收会计分析始终围绕税收资金运动的过程和结果进行，不像计划、统计、宏观分析那样以经济指标为分析和对比的基础。税收资金运动有四大特点：一是税收资金形态的转化不像企业资金那样与实物形态的转化相联系，它只表现为现金流量在不同运动阶段上的不同形态，强调的是货币资产在空间位置上和在所有权上的转移；二是税收资金运动的阶段划分不像企业资金那样明显；三是税收资金运动不会增值；四是税收资金运动不存在循环与周转。税收会计分析也正是针对税收资金的这些特征分析税款是否及时、足额入库实现所有权的转移，并分析税收资金存在形式的合理性等。

4. 重视微观分析

由于会计主要是针对企业经营行为进行核算，会计分析也以企业分析为中心，所以会计分析主要反映税收与微观经济的关系。

六、税收统计分析

（一）税收统计分析的定义

税收统计分析是指根据政府的经济政策和税收政策，按照科学的理论和统计分析方法对通过调查收集的国民经济和社会发展情况，以及税源和税收收入情况等统计资料的加工整理，从中进行系统、定量的分析研究，表明问题产生的原因，揭示这些现象的本质及其规律性，提出解决问题的办法，为各级领导决策提供参考。由此可见，税收统计分析是一种税收管理活动。它对税收收入的主要特征以及税收与各种经济现象的关系从量化角度进行分析，然后得出结论，并提出可供决策参考的政策建议，最终形成分析报告。税收统计分析是统计信息、咨询、监督整体功能的集中体现，是税收统计全过程的一个重要方面，也是税收统计的最高阶段。

（二）税收统计分析的对象和内容

税收统计的基础任务是进行统计调查、统计整理、统计分析，提供统计资料，实行统计监督，反映经济税源发展变化情况和税收政策的实施效果，为研究制定国家税收政策，编制和检查税收计划服务。其具体任务有以下三个方面。

①研究建立税收统计报表指标体系，正确反映税收的规模、水平和构成，研究各个时期、各个地区税收分税种、分经济类型的发展变化，相互间的比例关系及其规律性，为国家及时了解税收的收入状况，有计划地组织财政收入，编制和检查监督税收计划执行情况提供依据。

②根据国家经济政策，通过对税务统计资料的收集和整理，研究税收在宏观经济调节中所发挥的作用，为国家制定和检查税收政策提供依据，同时也为各级领导了解情况，指导工作和研究政策，提供各项统计调查资料。

③通过税务统计资料的分析，及时反映有关经济活动的动态和规律性，对税收活动进行统计监督，为加强税收的征收管理工作提供决策信息。

（三）税收统计分析的作用和意义

①满足市场经济条件下税务管理决策对决策信息的需求。市场经济的基本特征之一就是决策的民主化。搞好税收统计分析可以提高计划性和预见性，满足实行科学决策、科学管理的要求。通过统计分析监督反映各项税收政策的实施效果并揭示存在的差异的原因，为决策者科学决策提供可靠的建议。

②分析社会经济发展变化对税收的影响。税收来源于经济，又反作用于经济。通过税收统计分析，不断提高对税收认识的深度、精度和广度。根据经济发展变化的趋势，利用税收与经济发展的关系，指导组织收入工作。反过来，利用经济与税收的关系，适时提出促进经济发展的税收政策。

③研究税收领域的发展规律和税务效益。搞好税收统计分析有利于促进税务统计改革和税务统计科学研究的发展，有利于促进税务统计理论和统计方法的变更，逐步实现税务统计工作的现代化。

④发挥统计的整体功能。搞好税收统计分析是充分发挥税务统计整体功能、广泛参与决策、实现优质服务的根本途径和重要保证。税务统计部门作为国家税务管理系统的重要组成部分，同时拥有信息、咨询、监督三种职能，并构成有机整体，发挥整体功能。信息职能、咨询职能、监督职能等三种职能，它们是相互作用、相辅相成的。因此，搞好税收统计分析工作可以预测税收经济现象、税务征管工作和组织收入发展趋势，增强计划性和预见性。

⑤锻炼人才。搞好税收统计分析能够不断提升广大税收统计人员提高理论政策水平和业务能力。

（四）税收统计分析的特点

税收统计分析是对税收活动的数量表现进行调查研究的一种认知活动。它是反映税收成果、税源变化和税政执行情况的一种信息系统，是科学管理税收的重要手段。税收统计分析作为经济分析的一个组成部分，除了具有经济分析的一般属性外，还具有其本身的特点，主要表现如下。

1. 数量性

税收统计分析是从税务现象的数量变化来研究税收发展变化规律的。因此，税收统计分析工作离不开对税源、税收和税政的数字资料进行加工整理和分析研究。重视数量分析，是社会经济统计分析的首要特点。

2. 具体性

税收统计分析所研究的对象都有其具体的社会经济内容。每一个数据都是在一定时间、地点和条件下的量的表现，而不是空洞、抽象的数字。因此，税收统计分析也是对某个具体的税收问题，在某个时期、某个地点具体表现的分析。

3. 综合性

税务部门在国民经济各部门中属于综合性部门，因此税务部门提供的统计资料具有综合性。税收作为国家重要经济杠杆，存在于社会经济现象之中，国家税收来自国民经济各个部门、各个行业和各种经济类型，税源的增减变化，国民经济结构、产品结构的变化，以及税收收入结构比重的变化，都能综合反映国民经济的发展变化。这就决定了税收统计分析的综合性。

4. 广泛性

税收统计分析作为国家统计分析的一个组成部分，政策性很强，牵涉面很广。一方面税收统计所反映的课税对象，几乎涉及国民经济的各个部门；另一方面，税收统计所反映的指标内容，既要反映税收及税源的增减变化、税收结构的变化趋势，又要反映税政措施的实施效果。

（五）税收统计分析的基本原则

为了切实有效地发挥税收统计分析的信息、咨询和监督的整体职能，保证税收统计分析报告的质量，实现税收统计分析工作的优质服务，在税收统计分析中，必须遵循下列原则。

1. 实事求是的原则

实事求是是税收统计分析工作必须遵循的基本原则。在分析过程中，必须从客观实际出发，切忌主观性，不能按照自己的主观臆断，而必须反映税收以及经济现象的实际，从中得出结论。要做到实事求是，必须从统计调查、收集资料开始，所收集的各种经济、税收资料及典型例证必须客观、真实、可靠；其次是分析方法的选择要与分析的方向和收集的资料相适应，论点和论证方法要达到统一，整个税收统计分析过程要立足客观实际，遵循事物内部联系及发展规律。

2. 系统分析的原则

国民经济是由一个众多子系统构成的系统，其中每一个系统内构成要素的发展变化都受到其子系统结构要素的影响，并反过来作用于其他子系统或系统整体。因此，我们在税收统计分析中必须遵循系统分析的原则，注意抓住系统的三个特征：目的性、整体性、层次性。把税收经济子系统放到系统中加以分析考察，分析它与国民经济系统整体和其他子系统要素的相互关系和作用。这样才能保证税收统计分析的可靠性、科学性和正确性。

3. 微观与宏观相结合的原则

税收统计分析要具体情况具体分析，找出不同地方、不同税种变化的共性和个性。但是，分析研究这些共性和个性时，必须站在整个国民经济发展的高度上，坚持宏观和微观、点与面相结合的原则。因此，税收统计分析十分重要。税收源于经济，而经济的发展和变化，必将对税收以及税收工作产生直接的影响。观察和分析税收现象，应注意社会经济、税收发展的大趋势，注意横向的经济发展和税源变化。在税收统计分析中还要树立全面的观点。坚持全面的观点，首先要求我们收集的各种社会经济统计资料、税收统计资料及其他资料要全面系统，不能零碎不全；其次在分析中要用联系的观点看经济与税收相互关系的各个方面，既要看到在组织收入、依法治税、促产增收、发展经济中取得的成绩，也要看到自身工作的不足；既要看到现在，也应看到过去和未来；既要看到组织收入中的有利因素，也要看到影响税收变化的不利因素。只有在分析中坚持全面的原则，才能得出正确的结论。

4. 定性与定量相结合的原则

准确的税收统计数据是税收工作数量方面的真实反映。然而，社会经济现象和税收工作情况是十分复杂的，税收统计数字往往只能反映最主要最基本的情况，这些基本资料对于了解收入完成进度、税源和税收结构的变化情况，对于制定税收政策，编制税收计划，指导税收工作，正确分析和解决问题具有十分重要的作用。但是在分析研究时，为了深入认识事物的本质和规律，仅仅依据基本的统计资料，有较大的局限性，这就需要深入实际，多了解一些实际情况，研究实际问题，使我们的认识和结论进一步深化，避免片面性。

参考文献

[1] 朱丰伟，袁雁鸣，安金萍.现代财务会计与企业管理研究[M].北京：中国商务出版社，2023.05.

[2] 代冰莹，雷舒靓，樊姣姣.财务会计在企业中的应用研究[M].北京：中国商务出版社，2023.01.

[3] 陈孝勇，陈星宇.新时期财务会计理论及实践研究[M].北京：中国纺织出版社，2023.08.

[4] 乔庆敏，张俊娟.大数据时代财务会计理论与实践发展研究[M].哈尔滨：哈尔滨出版社，2023.01.

[5] 关娜，姚宇，杜文.信息化时代下财务会计工作创新研究[M].哈尔滨：哈尔滨出版社，2023.01.

[6] 杨建勇.财务会计信息化理论与应用研究[M].长春：吉林人民出版社，2023.06.

[7] 张利霞.财务会计管理与税收分析研究[M].哈尔滨：哈尔滨出版社，2023.01.

[8] 安玉琴，孙秀杰，宋丽萍.财务管理模式与会计审计工作实践[M].北京：中国纺织出版社，2023.03.

[9] 蔡智慧，绳朋云，施全艳.现代会计学与财务管理的创新研究[M].北京：中国商务出版社，2023.01.

[10] 吴海祺，杨绪梅，蔡燕.财务管理与会计信息化创新研究[M].长春：吉林人民出版社，2023.02.

[11] 周彩节，洪小萍.财务管理[M].北京：北京理工大学出版社，2023.04.

[12] 甄阜铭.大数据与智能会计[M].大连：东北财经大学出版社，2023.03.

[13] 杜方兴，苏梅英，张回应.医院财务管理与财务分析[M].长春：吉林科学技术出版社，2023.05.

[14] 程静，丛路杨，王佳一.财务报表分析与财务决策[M]. 长春：吉林人民出版社，2023.07.

[15] 刘莉.我国中小企业财务管理创新研究[M]. 北京：中国商务出版社，2023.01.

[16] 郭亿方，宁丽鹏，杨志欣.财务会计与管理研究[M]. 延吉：延边大学出版社，2022.03.

[17] 邓九生，李利华.高级财务会计[M]. 武汉：华中科技大学出版社，2022.07.

[18] 邱涵，张丽，李晨光.智能时代财务会计管理转型研究[M]. 延吉：延边大学出版社，2022.09.

[19] 孙吉，茹晨茜.资本市场与财务会计问题研究[M]. 延吉：延边大学出版社，2022.03.

[20] 李明慧.财务管理与会计实践创新研究[M]. 北京：中国原子能出版社，2022.06.

[21] 王迁邵，晋保红.财务管理与会计实践探索[M]. 长春：吉林人民出版社，2022.05.

[22] 尹燕婷，范玲.企业会计监管与财务管理[M]. 延吉：延边大学出版社，2022.09.

[23] 王继中.会计报表与现代企业财务分析[M]. 广州：中山大学出版社，2022.08.

[24] 赵颖，郑望，白云霞.现代会计与财务管理的多维探索[M]. 长春：吉林人民出版社，2022.03.

[25] 周莉.财务分析与会计信息化研究[M]. 北京：北京工业大学出版社，2022.12.

[26] 柴慈蕊，赵娴静.财务共享服务下管理会计信息化研究[M]. 长春：吉林人民出版社，2022.01.

[27] 赵金燕，张立伟，鲁秋玲.现代财务管理与会计管理的信息化发展[M]. 长春：吉林人民出版社，2022.07.

[28] 李婉丽，雷永欣，闫莉.企业管理会计与财务管理现代化发展[M]. 北京：中国商务出版社，2022.08.